GÖTTINGER UNIVERSITÄTSREDEN

99

V&R Academic

»Ein Vorsprung, der uns tief verpflichtet«

Die Wiedereröffnung
der Universität Göttingen vor 70 Jahren

Mit Grußworten von
Ulrike Beisiegel und Wilhelm Krull

und Reden von
Bernd Weisbrod und Kerstin Thieler

Vandenhoeck & Ruprecht

Herausgegeben
von der Präsidentin der Georg-August-Universität Göttingen
und dem Universitätsbund Göttingen e. V.

Mit 2 Abbildungen und 1 Tabelle

Bibliografische Information der Deutschen Nationalbibliothek

Die Deutsche Nationalbibliothek verzeichnet diese Publikation in der
Deutschen Nationalbibliografie; detaillierte bibliografische Daten sind
im Internet über http://dnb.d-nb.de abrufbar.

ISSN 0085-1108
ISBN 978-3-525-82652-2

Weitere Ausgaben und Online-Angebote sind erhältlich unter: www.v-r.de

Inhalt

Begrüßung zur Festveranstaltung
Universitätspräsidentin Prof. Dr. Ulrike Beisiegel 9

Grußwort anlässlich der Festveranstaltung
Stiftungsratsvorsitzender Dr. Wilhelm Krull 15

»Ein Vorsprung, der uns tief verpflichtet«
Die Wiedereröffnung der Universität Göttingen
im Wintersemester 1945/46
Prof. Dr. Bernd Weisbrod 21

Universitäre Personalpolitik zwischen ideologischer
Verfolgung und politischer Anpassung im Nationalsozialismus
und ihre Auswirkungen in der Nachkriegszeit
Dr. Kerstin Thieler 39

Programm 14. September 2015 63

Programm 2. Dezember 2015 64

Editorische Notiz

Im Wintersemester 2015 jährte sich die Wiedereröffnung der Georg-August-Universität nach dem Zweiten Weltkrieg zum siebzigsten Mal. Aus diesem Anlass fanden zwei Festveranstaltungen statt. Der vorliegende Band vereint die Begrüßung der Universitätspräsidentin Prof. Dr. Ulrike Beisiegel, das Grußwort des Stiftungsratsvorsitzenden Dr. Wilhelm Krull und den Festvortrag von Prof. Dr. Bernd Weisbrod vom 14. September 2015. Der Vortrag von Dr. Kerstin Thieler wurde im Rahmen der zweiten Veranstaltung am 2. Dezember 2015 gehalten.

Ulrike Beisiegel

Begrüßung zur Festveranstaltung »Wiedereröffnung der Georg-August-Universität Göttingen vor 70 Jahren und zur Gründung der Deutschen Universitätszeitung (duz) 1945« am 14. September 2015

Sehr geehrte Frau Landtagsvizepräsidentin Andretta, sehr geehrte Frau Bürgermeisterin Behbehani, sehr geehrter Herr Bürgermeister Gerhardi, sehr geehrter Herr ehemaliger Oberbürgermeister Meyer, liebe Kolleginnen und Kollegen, liebe Studierende, meine sehr geehrten Damen und Herren!

Ganz herzlich möchte ich Sie zu unserem Festakt anlässlich der Wiedereröffnung der Universität Göttingen und der Gründung der Göttinger Universitätszeitung/Deutsche Universitätszeitung vor 70 Jahren begrüßen.

Natürlich möchte ich diejenigen ganz besonders begrüßen, die nicht nur als Gast gekommen sind, sondern zur Veranstaltung beitragen. Diese Begrüßung ist verbunden mit einem ganz besonderen Dank:

Den Festvortrag unter dem Titel: »Ein Vorsprung, der uns tief verpflichtet« hält Prof. Dr. Bernd Weisbrod, ehemaliger Inhaber des Lehrstuhls für Neuere und Neueste Geschichte an unserer Universität. Ich danke Ihnen, Herr Weisbrod, dass Sie sich der Aufgabe gestellt haben, und bin gespannt auf Ihren Vortrag.

Lieber Herr Krull, sie haben den Anstoß zu dieser Veranstaltung gegeben und werden auch die Podiumsdiskussion moderieren. Ganz herzlichen Dank Ihnen als Vorsitzendem unseres Stiftungsrates. Ein besonderer Dank geht auch an die Podiumsteilnehmerinnen und -teilnehmer, Frau Dr. Wolbring, Herrn Professor Schumann und Herrn Dr. Heuser. Sie werden mit ihrer fachlichen Expertise noch einmal einen ganz individuellen und interessanten Einblick in die damalige Zeit geben.

Die heutige Veranstaltung ist eine Kooperation mit der Deutschen Universitätszeitung – duz. Sie ist hervorgegangen aus der Göttinger Universitätszeitung, deren erste Ausgabe am 11. Dezember 1945 in Göttingen erschienen ist. Ich freue mich daher sehr, Frau Christine Prußky, die Leitende Redakteurin, und Herrn Dr. Heuser, den Herausgeber, begrüßen zu dürfen.

Herausgegeben von Studierenden und Dozenten der Georg-August-Universität fand die Göttinger Universitätszeitung rasch deutschlandweite Verbreitung und publizierte auch Nachrichten über andere Universitäten. 1949 wurde sie in Deutsche Universitätszeitung umbenannt und 1960 der Sitz der Redaktion nach Bonn verlegt. Bis heute ist die duz eine der wichtigen Universitätszeitungen in unserem Land.

Wir hatten in der Vorbereitung dieser Veranstaltung das Glück, über Frau Prußky Kontakt zu Frau Dr. Ulrike Thimme aufnehmen zu können. Sie war nicht nur Studentin in Göttingen, sondern hat auch hier promoviert. Darüber hinaus war sie die erste hauptamtliche Redakteurin der duz in den frühen 50er Jahren. Leider kann Frau Dr. Thimme heute nicht persönlich teilnehmen. Frau Prußky war allerdings so freundlich mit Frau Dr. Thimme in ihrem Haus in Karlsruhe ein Interview zu führen, aus dem wir später einen Zusammenschnitt sehen werden. Ich möchte mich bei Frau Prof. Dr. Terhoeven bedanken, die sich bereit erklärt hat, uns in das Interview einzuführen und es zu kommentieren.

Neben Frau Dr. Thimme können wir heute aber auch einen ehemaligen studentischen Herausgeber der duz begrüßen, der Göttingen treu geblieben ist. Herr Prof. Dr. Friedrich Hassenstein kam 1949 aus der russischen Kriegsgefangenschaft zum Studium nach Göttingen, und sein Bericht über diese Zeit wurde umgehend in der duz abgedruckt. 1951/52 war er dann studentischer Herausgeber der Zeitung.

Ein besonderer Gruß gilt auch allen Zeitzeugen, die sich trotz ihres hohen Alters auf den Weg hierher gemacht haben. Es gibt nicht mehr viele Studierende des Wintersemesters 1945 unter uns, noch kleiner ist die Zahl derer, die dies noch auf sich nehmen können. Gleichwohl sind einige heute anwesend, und ich möchte Frau Eva Zuckschwerdt stellvertretend ganz herzlich begrüßen. Sie und ihr Ehemann – der erst drei Tage zuvor (also heute vor 70 Jahren) aus der Kriegsgefangenschaft zurückgekehrt war – gehörten zu den Hörern der ersten Vorlesungen am 17. September 1945. Ich würde mich sehr freuen, wenn wir auch nach der Veranstaltung noch miteinander ins Gespräch kommen können.

Der Rückblick auf den Neubeginn vor 70 Jahren lässt uns aber auch an die vergangenen 70 Jahre und die erstaunliche Entwicklung dieser Universität denken. Viele der heute hier Anwesenden haben diese Entwicklung mitgeprägt und mitgestaltet. Stellvertretend möchte ich Herrn Prof. Dr. Rudolf von Thadden, Rektor der Universität 1973/74, begrüßen, der im Übrigen auch aktiv an der duz beteiligt war.

Wie wichtig eine Universitätszeitung ist, zeigte sich bereits in den ersten Ausgaben, in denen Themen wie die Verantwortung der Wissenschaft für Gesellschaft und Politik, das Schuldbekenntnis der evangelischen Kirche, das Frauenstudium, das Verbindungswesen und die Hochschulreformen explizit angesprochen und kontrovers diskutiert worden sind.

Die Wiedereröffnung der Universität Göttingen vor 70 Jahren war zweifelsohne nicht nur der erneute Beginn der Vorlesungstätigkeit. Dieses Ereignis ist verknüpft mit einer ganzen Reihe von Herausforderungen, die die Geschichte der Universität nachhaltig geprägt haben. Denn: 1945 war kein Neustart aus dem Nichts heraus. Neben der katastrophalen Lebenssituation der Menschen nach dem Ende des Krieges waren es nicht nur Umbrüche, sondern auch Kontinuitäten in den Inhalten, dem Lehrkörper und in den Köpfen, die es ins Verhältnis zu setzen galt.

Die Aufarbeitung der NS-Vergangenheit begann 1945. Schon die Beiträge in der ersten Göttinger Universitätszeitung zeugten davon. Ganz deutlich kritisieren sie die »unpolitische« Wissenschaft vor 1945 und appellieren an eine Wiederbesinnung auf die Bedeutung und Verantwortung der Universität für die Gesellschaft. Die Aufarbeitung ist aber auch heute noch nicht abgeschlossen.

Die Verantwortung der Universität gilt damals wie heute für die Gegenstände unserer Forschung, für die Inhalte der Lehrveranstaltungen und für die Art und Weise, wie die Universität von ihren Angehörigen und der Leitung gestaltet wird.

In der Reihe »Göttinger Universitätsreden«, veröffentlicht im Verlag Vandenhoeck & Ruprecht, hat bei der Festveranstaltung zur Wiedereröffnung vor 40 Jahren Walter Kerz, ein Physikstudent aus dem Wintersemester 1945/46 und ein Kommilitone von Richard von Weizsäcker, sehr persönliche Worte für die Situation der Studierenden gefunden. Er sagte: »Die Anrede ›Kommilitonen‹ würde nicht zu unserem Selbstverständnis von 1945 passen. Wir wollten weder [...] [Soldaten] sein, noch wollten wir als [...] Gleichgesinnte angesehen werden; denn wir wollten uns nicht wieder ›gleichschalten‹ lassen. Wir hielten auf Abstand. Es gab kein selbstverständliches ›Du‹, denn das war uns vom Arbeitsdienst und [...] Kommiß her verhaßt. Wir zelebrierten geradezu das [...] ›Sie‹. Wir gingen vorsichtig miteinander um. Man wußte ja nicht, welche Weltanschauung der andere inzwischen gewonnen hatte.«[1] Die Dualität, die auch die Studierenden empfunden haben, wird hier zum Ausdruck gebracht.

Beim Durchblättern der ersten Ausgaben der GUZ ist mir ein kurzer Artikel in der zweiten Ausgabe ins Auge gefallen, mit dem Titel: »Wir helfen in Friedland«. Er stellt eine ganz praktische Variante der Verantwortungsübernahme durch Studierende dar. Ein ganz kurzer Auszug:

»Ein kleiner Kreis junger Studenten vom ersten bis zum Examenssemester. Eine Anregung durch einen aus diesem Kreis, ein kurzer Entschluß: Wir fahren! Friedland! [...] Junge, kräftige Männer mit ihren Familien wechseln ab mit alten Leuten, Kriegsgeschädigten und alleinstehenden Frauen, mit Müttern mit ihren Kindern. Sie alle führen ihre ganze Habe mit sich [...] Möglichkeit zum Helfen? Hundertfach. Wir [...] schleppen Gepäck, Säcke, Koffer, Kisten, geben Auskunft, kurzum, wir sind Mädchen für alles. Wem von uns werden die Schilderungen, die uns diese Menschen während unseres kurzen Kennenlernens gaben, nicht in Erinnerung bleiben? Ihr kennt alle die Zeichen der Zeit, so daß eine Aufzählung der Nöte, da sie niemals vollständig sein kann, nur eine Abschwächung bedeutete. Als wir abends müde, dreckig und durchnäßt wieder im Zug nach Göttingen saßen, überfiel uns das Gefühl freudiger Befriedigung, etwas Positives geleistet zu haben, wenn es auch nur im bescheidenen Rahmen war.«[2]

---

1 Walter Kertz, Student im Wintersemester 1945/46, in: Der Neubeginn der Georgia Augusta zum Wintersemester 1945–46. Akademische Feier zur Erinnerung an die Wiedereröffnung der Georgia Augusta vor vierzig Jahren am 29. November 1985 im Zentralen Hörsaalgebäude der Georg-August-Universität Göttingen mit Vorträgen von Hermann Heimpel, Norbert Kamp und Walter Kertz, Göttingen 1986, S. 31–46, Zitat: S. 31.

2 P. A. Stein, Wir helfen in Friedland, in: Göttinger Universitätszeitung 1. Jahrgang, H. 2, 24. Dez. 1945, S. 9.

Heute, 70 Jahre später, sind in Friedland wieder tausende von Flüchtlingen untergebracht. Und heute wie damals erfahren sie Hilfe auch von Göttinger Studierenden. Initiativen und Projekte wie Conquer Babel und viele andere zeigen, dass die Studentinnen und Studenten dieser Universität, gestern wie heute, die Verantwortung der Universität für eine aktive Gestaltung der Gesellschaft ernst nehmen. Ich möchte die Gelegenheit nutzen und Ihnen an dieser Stelle im Namen der gesamten Universität ganz herzlich für Ihren Einsatz danken! Gleichermaßen bedanken möchte ich mich auch bei den Lehrenden, die die Studierenden bei diesen Projekten begleiten, stellvertretend sei Vizepräsidentin Frau Prof. Dr. Caspar-Hehne genannt. Dieses Engagement ist wichtig für unsere Universität. Auch die Wissenschaftlerinnen und Wissenschaftler widmen sich diesem Themenkomplex. Schon vor mehr als einem Jahr begannen die Planungen für die 4. Göttinger Konferenz der Reihe Wissenschaft für Frieden und Nachhaltigkeit, die in diesem Jahr unter dem Titel »Migration – Flucht – Human Security.« steht. Ich darf Sie alle bereits heute für den 20.–22. November einladen mitzudiskutieren. Gesellschaftliche Verantwortung von Wissenschaft zeigt sich aber auch ganz konkret in der Auseinandersetzung mit der eigenen Geschichte. Die Philosophische Fakultät und die Fakultät für Forstwissenschaften und Waldökologie haben sich in den letzten Jahren intensiv mit ihrer NS-Vergangenheit auseinandergesetzt. Prominente Gedenktafeln in beiden Fakultäten zeugen davon, dass diese Forschungen und ihre Ergebnisse ganz bewusst auch in die Öffentlichkeit und die Gesellschaft getragen werden. Frau Prof. Dr. Terhoeven, Herr Prof. Dr. Schumann und Frau Dr. Thieler haben zudem vor kurzem mit einem eigenen Forschungsprojekt begonnen, das die vergangenheitspolitische Kommunikation an der Universität Göttingen nach dem Nationalsozialismus am Beispiel der Fächer Geschichte und Physik (1945–1965) in den Blick nimmt. Im Sinne dieser aktiven Auseinandersetzung mit der Vergangenheit und in dem Bewusstsein der gesellschaftlichen Verantwortung von Wissenschaft und den Herausforderungen unserer Gesellschaft findet auch die heutige Veranstaltung statt. Ich freue mich auf Ihre Beiträge und die anschließende Diskussion.

Wilhelm Krull

Grußwort anlässlich der Festveranstaltung zur »Wiedereröffnung der Georg-August-Universität Göttingen vor 70 Jahren und zur Gründung der Deutschen Universitätszeitung (duz) 1945« am 14. September 2015

Verehrte Frau Vizepräsidentin des Niedersächsischen Landtages Andretta, liebe Frau Beisiegel, lieber Herr Heuser, verehrte Festgäste, meine sehr geehrten Damen und Herren,

die mittleren der 1940er Jahre, in die auch das Ende des Zweiten Weltkriegs fällt, sind eine entscheidende Umbruchphase, in der sich nahezu die gesamte Weltordnung verändert hat: Aus vormals verbündeten Parteien wurden Feinde; und aus verfeindeten Parteien wurden Verbündete. Zwar war den Alliierten klar, dass Nazideutschland nur gemeinsam mit Russland zu bezwingen war. Dass sich aber im Osten Europas ein totalitäres kommunistisches Regime unter russischer Führung ausbreiten konnte, wollten die USA, Großbritannien und Frankreich auch nicht zulassen. Neue Allianzen wurden dabei geschmiedet, aus dem von ihnen besetzten Deutschland wurde für die westlichen Siegermächte ein Verbündeter im Kampf gegen die Ausweitung des Kommunismus.[1] Eine Entwicklung, die schließlich im Kalten Krieg mündete und die mit der derzeitigen Ukraine-Krise eine ebenso überraschende wie gefährliche Wiederbelebung erfahren hat.

Nur in diesem Spannungsfeld – so meine ich – lässt sich die erstaunlich schnelle Wiedereröffnung der Universitäten nach dem Ende des Zweiten Weltkriegs verstehen. Die Wissenschaftspolitik war nämlich neben anderen Bereichen ein wichtiges Handlungsfeld, auf dem

1 Der Gedanke folgt Stefan-Ludwig Hoffmann, »Germany Is No More: Defeat, Occupation, and the Post-War Order«, in: Smith, Helmut Walser (Hg.), The Oxford Handbook of Modern German History, Oxford 2011, S. 593–595.

die ganz unterschiedlichen Herangehensweisen und Ansätze der Siegermächte deutlich geworden sind. Der Standort Göttingen spielte dabei in dreifacher Hinsicht eine wichtige Rolle.

Ein erstes Beispiel: Als bei Kriegsende deutlich wurde, dass der östliche Teil Deutschlands an die Russen fallen würde, regte der britische Besatzungsoffizier der *Research Branch* Bertie Blount an, den berühmten Nobelpreisträger und Entdecker des Wirkungsquantums, Max Planck, von Rogätz bei Magdeburg, wo er sich aufhielt und Schutz suchte, in die Westzonen nach Göttingen zu holen. Blount war ein in Deutschland promovierter Chemiker und für die Kontrolle und Förderung der Forschung zuständig. Auch vor dem Hintergrund seiner eigenen wissenschaftlichen Forschungen hatte er eine hohe Meinung von der deutschen Wissenschaft. Am 16. Mai 1945 wurde der damals 87-jährige Max Planck in einer zweistündigen, aufreibenden Autofahrt in einem Militärjeep nach Göttingen gefahren.[2] Diese Flucht ermöglichte den Neuanfang für die Grundlagenforschung in Deutschland unter demokratischen Bedingungen. Aus der Kaiser-Wilhelm-Gesellschaft, deren Auflösung schon fast beschlossene Sache war, wurde die Max-Planck-Gesellschaft am 23. Februar 1948 in Göttingen gegründet. Diese scheinbar simple Änderung des Namens kam auf Anregung des Nobelpreisträgers Henry Dale, dem damaligen Vorsitzenden des wissenschaftlichen Beirats der *Research Branch*, zustande. »Es ist doch nur der Name, gegen den man etwas hat«, soll Dale, von Blount in dieser Sache um Rat gebeten, gesagt haben.[3] Mit Kaiser Wilhelm verband man rasselnde Säbel und Flotten-Expansion, mit Max Planck hingegen einen integren, der Wahrheit verpflichteten Wissenschaftler.

Das zweite Beispiel: Die Universität Göttingen war nach dem Krieg glücklicherweise kaum zerstört. Doch gilt wohl auch und gerade für die Universität Göttingen, was Robert Birley, der *Educational Advisor* der britischen Besatzungsmächte 1946 in einer Denkschrift über die Lage des deutschen Hochschul- und Bildungswesens formuliert hat: »The recent history of the Universities is deplorable; it was in them

---

2 Vgl. Die Max-Planck-Gesellschaft – Geschichte: http://www.mpg.de/ geschichte/max-planck-gesellschaft; (zuletzt abgerufen am 8.9.2015).

3 Robert Gerwin, Zur Gründung vor 30 Jahren: Es ist doch nur der Name ... Ein listiger Einfall rettete die Max-Planck-Gesellschaf«, in: Die Zeit, 24. Februar 1978.

that hot resistance to the Nazis ought to have appeared in the earliest stages of the movement, but it did not.«[4]

Der Zustand der Universitäten war »jämmerlich« – nicht etwa, weil in kriegszerstörten Gebäuden unterrichtet werden musste, weil Bücher und Heizmaterial fehlten, weil vom Krieg gezeichnete Studierende höchst unterschiedlicher sozialer Herkunft und Altersstufen erst wieder an akademische Arbeit herangeführt werden mussten, weil führende jüdische und andere Wissenschaftler emigriert waren oder weil geeignetes, nicht in das NS-Regime verwickeltes Lehrpersonal erst noch gefunden werden musste.

Der Zustand der Universitäten war »jämmerlich«, weil die Universität als Institution im Dritten Reich versagt hatte – hätte doch von ihr der Widerstand gegen die NS-Herrschaft ausgehen müssen.[5] Gerade an der Universität Göttingen – berühmt für das Aufbegehren der Göttinger Sieben gegen die Auflösung der Verfassung im Jahr 1837 – ist dieses moralische Versagen besonders offenkundig. So sah es auch der damalige bayerische Ministerpräsident Wilhelm Hoegner, der jede Nachsicht gegenüber Professoren ablehnte, die in das Nazi-Regime verstrickt waren. Ich zitiere: »*Wo waren denn 1933 die Göttinger Professoren, die seinerzeit in den 1830er Jahren der Tyrannei Widerstand geleistet haben?* [Gemeint sind hier die Göttinger Sieben.] *Sie waren in Deutschland nicht zu finden. Meine Herren, ich stehe auf dem Standpunkte, daß gerade der Gebildete, der die Dinge doch überblicken konnte, der den Werdegang des Nationalsozialismus kennen mußte und kannte, daß er die Pflicht hatte vor seinem Volk, hier mehr Widerstand zu leisten, als es tatsächlich geschehen ist.*«[6] Die Entlassung jüdischer oder politisch unliebsamer Professoren bedeutete für die vielen schlecht bezahlten und nicht-verbeamteten Dozenten der damaligen Zeit eine schnelle Aufstiegsmöglichkeit. Linientreuen Personen wurden quasi auf der Überholspur Führungsaufgaben übertragen. Wahrscheinlich auch deshalb gab es kaum Widerstand gegen die von den Nazis vorangetriebenen Massenentlassungen. In nur zwölf Jahren hatten die deutschen Universitäten, die als bürgerliche Bildungsinstitutionen im 19. Jahrhun-

4 Zitiert nach Barbara Wolbring, Trümmerfeld der bürgerlichen Welt. Universität in den gesellschaftlichen Reformdiskursen der westlichen Besatzungszone (1945–1949), Göttingen 2014, S. 274–275.
5 Der Gedankengang folgt Wolbring, S. 275.
6 Zitiert nach Ebd., S. 278 -279.

dert international hohes Ansehen erlangt hatten, dieses als »Braune Brutstätten«[7] vollständig verspielt.

Umso erstaunlicher ist es, dass die Universität Göttingen am 17. September 1945 – fast auf den Tag genau vor 70 Jahren – den Lehrbetrieb in allen Fakultäten wieder aufnehmen konnte.[8] Es waren vor allen Dingen die britischen Besatzungsmächte, die früh wieder Vertrauen in die deutschen Universitäten und Wissenschaftsinstitutionen fassten. Teils aus Respekt vor den beachtenswerten wissenschaftlichen Leistungen der Deutschen, an denen auch die Briten interessiert waren. Teils aus einem gewissen Pragmatismus heraus, der mit Blick auf die hohen finanziellen Kosten der Besatzung für den britischen Steuerzahler an einer schnellen wirtschaftlichen und damit auch wissenschaftlichen Eigenständigkeit Deutschlands interessiert war. Aber auch, weil in den Westzonen die Chance bestand, als Gegenentwurf zu den Bestrebungen der Russen in den mittel- und ostdeutschen Gebieten eine neue demokratische Gesellschaft aufzubauen.

Die Universitäten – allen voran Göttingen – sollten dabei eine entscheidende Rolle spielen. Demokratie und demokratische Ideen sollten an den Universitäten nicht nur gelehrt werden, sondern die Universitäten selbst sollten als demokratische Organisationen einen aktiven Beitrag zur Demokratisierung der Gesellschaft leisten. Dies war der Kern der Bildungs- und Wissenschaftspolitik der britischen Besatzung.[9] Auf Anregung der Briten trafen sich am 26. September 1945 – in Göttingen – zum ersten Mal Vertreter der Universitäten, Hochschulen und Hochschulverwaltungen der britischen Zone mit Vertretern der Militärregierung,[10] um über die Reform und Zukunft der Hochschulen zu beraten. Dieses Treffen war ein Vorläufer der späteren Westdeutschen Rektorenkonferenz. Knapp ein Jahr später folgte, abermals auf Initiative der Briten, der erste Studententag – wiederum in Göttingen.[11] Und da ich heute als Vorsitzender des Stiftungsrates zu Ihnen spreche, möchte ich auch noch erwähnen, dass die

---

7 Vgl. Ralf Steinbacher, Braune Brutstätten, in: Süddeutsche Zeitung, 24. August 2015, S. 13.

8 Wolbring, S. 18.

9 Vgl. David Phillips, Investigating Education in Germany. Historical Studies from a British Perspective, London 2016, S. 108.

10 Wolbring, S. 30.

11 Ebd., S. 32.

Hochschulräte ebenfalls auf Anregung der britischen Besatzer einge-
führt werden sollten.[12] Dem Staat als Träger der Hochschulen trauten
die Briten nämlich wenig zu. Zum Aufbau der demokratischen Gesellschaft aus ihrer Mitte heraus strebten sie lebhafte, unabhängige und
selbstbestimmte Universitäten an. Ich zitiere nochmals aus der eben
erwähnten Denkschrift des *Educational Advisors* Birley: »*It is of the
very greatest importance that the Universities of the British Zone should
be intellectually vigorous and independent. The whole question of the
status of the Universities and their relationships with the State needs to be
carefully considered. There is certainly some danger in handing over control of the Universities to the Government of the Länder. They may become,
in consequence, far too parochial.*«[13]

Eine solch emphatische Warnung vor der Einflussnahme des Staates auf die Universitäten hat es bei der Gründung der Stiftungsuniver-
sität Göttingen nicht gegeben. Warum Birley so dramatisch formuliert, wird verständlich, wenn man bedenkt, dass in der Sowjetzone
die Russen die Universitäten direkt der Führung des Staates unterstellt haben,[14] um teilweise mit diktatorischen Mitteln die gesell-
schaftspolitischen Ziele eines kommunistischen Arbeiter- und Bau-
ernstaates – wie die Verdrängung von Eliten und eine Veränderung
der Klassenstruktur – leichter durchsetzen zu können. Die Briten hingegen setzten auf einen demokratischen Aushandlungsprozess, um
das Verhältnis zwischen Hochschule und Staat zu begründen. Und so
zeichnete sich auch auf dem Feld der Bildungs- und Wissenschaftspolitik bereits kurz nach Kriegsende ein erster Riss zwischen Russland
und den westlichen Siegermächten ab.

Das dritte Beispiel ist zugleich der zweite Jubilar, den wir heute
feiern: Die Göttinger Universitätszeitung, aus der die Deutsche Universitätszeitung – die »duz« – hervorgegangen ist. Auch sie ist 1945
in Göttingen gegründet worden. Welche enorme Bedeutung das Ver-
lags- und Pressewesen bei der Neuformung der Nachkriegsgesellschaft hatte, brauche ich hier nicht zu erwähnen. Erwähnenswert
erscheint mir aber die Besonderheit der Universitätszeitung in der britischen Besatzungszone: Sie wurde von Studenten und Dozenten ge-

12 Ebd., S. 39.
13 Zitiert nach Phillips, S. 105.
14 Vgl. Wolbring, S. 39.

meinsam gegründet und redigiert.[15] Auch dies ist ein Beleg für den enormen Stellenwert, den die Briten der universitären Selbstverwaltung und Selbstreflexion beigemessen haben. Zwar hat die Göttinger Universitätszeitung als einzige die Währungsreform überlebt, wodurch sie schnell zu einer Universitätszeitung mit gesamtdeutscher Bedeutung wurde – eben die Deutsche Universitätszeitung. In der Folge wurde es jedoch aufgrund der gewachsenen politischen Kluft zwischen Russland und den westlichen Siegermächten immer schwieriger, auch die Perspektive der Hochschulen in der sowjetischen Zone miteinzubeziehen.

Meine Damen und Herren, heute scheint es mir angesichts der Ukraine-Krise, in der alte Konflikte zwischen Ost und West wieder aufzubrechen scheinen, wichtiger denn je, gerade in der Wissenschaft solche Gräben nicht weiter wachsen zu lassen. Den Briten verdanken wir selbstständige und intellektuell vitale Universitäten, die aus der Mitte der Gesellschaft heraus begründet sind. Aus dieser Quelle stammt auch das integrative, völkerverbindende und auf Verständigung ausgerichtete Potential der Wissenschaft. Dieses Potential sollte man nicht unterschätzen. Auch die diplomatischen Beziehungen zwischen Israel und Deutschland, deren 50-jähriges Jubiläum wir ebenfalls in diesem Jahr feiern, sind aufgrund von zuvor angebahnten wissenschaftlichen Kontakten zustande gekommen. Göttingen war daran nicht unbeteiligt: Einer der ersten israelischen Postdoktoranden, die sich getraut haben, zu Forschungszwecken wieder nach Deutschland zu kommen, ging zu Manfred Eigen nach Göttingen. Der Universität Göttingen und der »duz« wünsche ich, dass ihre weitere Geschichte von vielen solchen Brücken über nationale, institutionelle und akademische Grenzen hinweg geprägt sein möge!

Vielen Dank für Ihre Aufmerksamkeit!

---

15 Wolbring, S. 28.

Bernd Weisbrod

»Ein Vorsprung, der uns tief verpflichtet«

Die Wiedereröffnung der Universität Göttingen
im Wintersemester 1945/46

In der dritten Nummer der »Göttinger Universitätszeitung« veröffentlichte der Nachkriegsrektor Rudolf Smend einen Beitrag zum Jahreswechsel.[1] Er erinnerte daran, dass sich die Georgia Augusta bei der Wiedereröffnung bewusst gewesen sei, dass »die eigentlichen Schwierigkeiten nicht schon hinter, sondern erst vor ihr lagen«. Damit sollte er Recht behalten. Das betraf nicht nur die »schwere Krise des äußeren Daseins«, sondern viel mehr noch die »innere Problematik unseres Zusammenseins«. Darin sah Smend mit dem nüchternen Pathos des protestantischen Verantwortungsethikers, der am 19. Oktober 1945 die Stuttgarter Schulderklärung der Evangelischen Kirche in Deutschland mit unterschrieben hatte, das »dankenswerte Geschick« der deutschen Universitäten, die vor anderen »Teilen des deutschen Geisteslebens« wieder in Gang gebracht worden seien:

»Nur eine starke geistige und sittliche Eigenbewegung kann uns davor bewahren, in dem Strom der äußeren Nöte, die uns bevorstehen, unterzugehen, und nur sie kann uns aus der geistig-sittlichen Krise zu einer neuen produktiven Stufe unseres deutschen Lebens emportragen.«

---

1 Rudolf Smend, Zwischen den Jahren, in: Göttinger Universitätszeitung (GUZ), 1. Jahrgang, H. 3, 10. Jan. 1946, S. 1. Zur Integrationslehre von Rudolf Smend und ihre Bedeutung in der frühen Bundesrepublik vgl. Frieder Günther, Vom Staat zum pluralistischen Gemeinwesen. Die bundesdeutsche Staatsrechtslehre und die Rudolf-Smend-Schule, in: Arnd Bauerkämper, u. a. (Hg.), Das Demokratiewunder. Transatlantische Mittler und die kulturelle Öffnung Westdeutschlands 1945–1970, Göttingen 2005, S. 281–304.

Darin sah Smend den »Vorsprung, der uns tief verpflichtet«.[2] Aber es stellt sich die Frage, ob diese selbstgestellte Aufgabe der Universität tatsächlich ein »gutes oder ein schlechtes Vorzeichen sein wird für den Wiederaufstieg unseres Volkes insgesamt«, wenn sie gleichzeitig dem Motto folgte, mit dem er seinen Beitrag schloss: »*In silentio et spe erit fortitudo vestra.*« Darum soll es im Folgenden gehen: Vom zuversichtlichen Schweigen und vom richtigen Sprechen angesichts der Schuld, die im ersten Nachkriegssemester auch in Göttingen trotz aller anderen drängenden Überlebensprobleme bei der Wiederaufnahme des Lehrbetriebs ausgehandelt wurden.[3]

Tatsächlich hatte der Lehrbetrieb am 17. September recht unspektakulär begonnen. Es gab weder Eröffnungs- noch Immatrikulationsfeier. Lediglich der übliche Gottesdienst zu Semesterbeginn fand am Sonntag, den 16. September in der überfüllten Jakobi-Kirche statt. Friedrich Gogarten predigte zu der Stelle aus dem Matthäus-Evangelium (7, 24–29), wonach dessen Haus auf Sand gebaut ist, der die Gebote nicht befolgt.[4] Es komme darauf an, das neue Haus, »das wir wohl oder übel für uns und unsere Kinder bauen müssen« (80), auf ein neues Fundament zu bauen, auf das Fundament des Glaubens, nicht auf das des reinen Menschenwillens: Wer es verlernt habe, Gott zu fürchten, müsse den Menschen fürchten, und wo »Menschenfurcht« zur »allgemeinen Haltung« werde, verschwinden – »um nur das Wichtigste zu sagen – mit Notwendigkeit auch Recht und Gerechtigkeit«:

---

2 Vgl. Smends Programmrede in Auseinandersetzung mit Max Webers politischer Ethik: Rudolf Smend, Staat und Politik. Ein Vortrag, gehalten als Einführung einer historisch-politischen Vortragsreihe der Universität Göttingen im Wintersemesters 1945/46 (recte: 46/47), in: ders., Staatsrechtliche Abhandlungen und andere Aufsätze, Berlin ³1994, S. 363–379. Das Vortragsprogramm in GUZ, 1. Jahrgang, H. 17, 13. Sept. 1946, S.17.

3 Typisch für die Art der sachlichen Bestandsaufnahme, bei der die Kriegsfolgeschäden wichtiger sind als die moralische Belastung des Wissenschaftsbetriebs durch das Dritte Reich: Werner Conze, Die Georg-August-Universität in Göttingen in den Nachkriegsjahren, in: Mitteilungen des Universitätsbundes XXVI (1950), S. 1–14.

4 Friedrich Gogarten, Zur Wiedereröffnung der Universität. Predigt über Matth. 7,24–29, gehalten am Sonntag, dem 16. September 1945, in: Die Sammlung 1. (1945/46), H. 2, S. 80–85.

»Wo es aber kein Recht mehr gibt, wo die Willkür herrscht, da werden aus Menschen feige Sklaven. Und die, die gerade an der Macht sind, werden, auch wenn sie es ursprünglich vielleicht nicht wollten, zu Henkern.« (84)

Auch hier wurde die sittliche Einkehr beschworen, ohne Täter oder Opfer beim Namen zu nennen, es wurde sogar die eigene Täuschungsbereitschaft eingestanden. Denn, so Gogarten zum Schluß, dass der »Geist des deutschen Volkes« durch »Selbstbewunderung, Frechheit und Menschenfurcht so fürchterlich entstellt wurde«, sei nicht auf »Zufälligkeiten« oder »brutalen Terror« zurück zu führen, sondern darauf, dass man die »Verkümmerung der Gegenkräfte« zugelassen habe: »Denn wer von uns könnte sagen, er habe in gar keiner Weise mitgetan, bei dem was geschehen ist.« (85) Für »das was geschehen ist«, fand Gogarten bezeichnenderweise aber keine Worte.[5]

Silentio et spe, sittliche Einkehr und Verpflichtung zur Zuversicht, und zwar im Geiste der alten Tradition von autonomer Korporation und vermeintlich freier, »reiner« Wissenschaft, das waren die Ideale des Neuanfangs. So als hätten nicht genau diese Ideale im Dritten Reich kläglich versagt. Für das öffentliche Sprechen über die eigene Schuld setzte Karl Jaspers zur gleichen Zeit in Heidelberg ganz andere Maßstäbe. Bei der allerersten universitären Wiedereröffnung, nämlich der der medizinischen Kurse für kriegsapprobierte Ärzte in Heidelberg, sprach er am 15. August von der »Erneuerung der Universität«.[6] Er räumte zwar ein, dass »der Kern der Universität im Verborgenen standgehalten« habe (95), bestand aber darauf, dass der Neubeginn »kein einfaches Anknüpfen an den Zustand vor 1933« (96) sein könne. Der »Geist der Unwissenschaftlichkeit« habe dem Nationalsozialismus die Tore geöffnet, »weil dieser ein entgegen kommendes Verständnis« fand (100). Nicht nur in der Medizin, in der Rassenlehre und der Euthanasie, schlimmer noch: »Wir selbst sind andere geworden seit 1933« (96): Weil wir es vorgezogen haben zu leben, und nicht den Tod zu suchen, in der Würdelosigkeit der Machtergreifung,

5 Vgl. Friedrich-Wilhelm Graf, Friedrich Gogartens Deutung der Moderne. Ein theologiegeschichtlicher Rückblick, in: Zeitschrift für Kirchengeschichte 100 (1989), S. 167–230.

6 Karl Jaspers, Erneuerung der Universität, in: Die Wandlung 1 (1945/46), H. 1, S. 66–74. Wieder abgedruckt in: Ders., Erneuerung der Universität. Reden und Schriften 1945/46, mit einem Nachwort von Renato de Rosa, Heidelberg 1986, S. 93–106.

angesichts der offenen Verbrechen des Regimes im Sommer 1934, bei den »Plünderungen, Deportationen und Ermordungen unserer jüdischen Freunde und Mitbürger« oder der verbrecherischen Kriegsführung »von Anfang an«.

»Wir haben es vorgezogen, am Leben zu bleiben mit dem schwachen, wenn auch richtigen Grund, unser Tod hätte doch nichts helfen können. Dass wir leben, ist unsere Schuld. Wir wissen vor Gott, was uns tief demütigt.« (96)

Man musste wohl selbst vor der Deportation gestanden haben, wie Jaspers, um eine solche existentielle Schuld von allen, nicht nur von nützlichen Professoren, sondern auch von akademischen Mitläufern offen bekennen zu können. Jaspers berühmte Vorlesung zur Schuldfrage aus dem Wintersemester 1945/46 bot zwar noch manch hilfreiche Differenzierung, zwischen krimineller, politischer, moralischer und metaphysischer Schuld, malte aber auch die Gefahr der Deutschen als Paria-Nation an die Wand, ein Begriff, der später für eine Übertragung des Opfermythos auf die Täter-Nation missbraucht werden konnte.[7] Aber der existentielle Ton seines Schuldbekenntnisses war in keiner der Göttinger Reden zur Universitätseröffnung zu vernehmen. Hier ging es ganz im Sinne von Smend vor allem um die Wiederherstellung von glaubwürdiger Staatlichkeit und integrationsfähiger Religion, und ganz nebenbei um den unversehrten Status der Mandarine und den Schutz der wissenschaftlichen Autonomie, die das »deutsche Geistesleben« groß gemacht hatten.[8]

Das ist abgesehen von der langen intellektuellen Tradition in Göttingen insofern verständlich, als sich mit dem großen Anteil von Berufs- oder Reserve-Offizieren in der Studentenschaft des ersten Nachkriegssemesters eine viel brennendere Frage der nationalen Selbstachtung stellte, nämlich die der soldatischen Ehre. Fast ein

---

7 Vgl. Norbert Frei, Zwischen Kollektivschuldthese und »Volksgemeinschaftsversöhnungsgerede«. Karl Jaspers: Die Schuldfrage (1946), in: Uffa Jensen, u. a. (Hg.), Gewalt und Gesellschaft. Klassiker modernen Denkens neu gelesen, Göttingen 2011, S. 195–203; vgl. auch Anson Rabinbach, Karl Jasper's *Die Schuldfrage*: A Reconsideration, in: Jürgen C. Hess, u. a. (Hg.), Heidelberg 1945, Stuttgart 1996, S. 149–158.

8 Vgl. am Beispiel Göttingens Bernd Weisbrod, Das Moratorium der Mandarine. Die Selbstentnazifizierung der Wissenschaft in der Nachkriegszeit, in: Hartmut Lehmann/Gerhard Oexle (Hg.), Nationalsozialismus in den Kulturwissenschaften, Bd.2, Göttingen 2004, S. 259–279.

Drittel der Göttinger Studentenschaft bestand aus früheren Berufs- und Reserveoffizieren.[9] Die Studentenschaft war männlicher und im Durchschnitt mit 25 Jahren deutlich älter als die Kriegssemester.[10] Der Andrang war überall groß. In Göttingen schafften es etwa ein Drittel der 12.000 Bewerber, davon kamen zwei Drittel aus der britischen Zone, jeder Sechste war ein sogenannter »Oststudent«. Dabei behielt sich die Universität die Endauswahl nach Vorliegen der verschiedenen formalen Voraussetzungen selber vor. Das führte zum nicht immer konsequent gehandhabten Ausschluss parteilich belasteter Studienanwärter. Die Briten erließen erst zum Sommersemester 1946 einheitliche Vorgaben für die politische Überprüfung und die Jugendamnestie ab Jahrgang 1919 griff erst im Wintersemester 1946/47.[11] Fast alle Göttinger Studenten hatten länger in der Wehrmacht gedient, jeweils etwa 18 % vier bzw. fünf Wehrdienstjahre, viele noch länger, nur ein verschwindend kleiner Anteil von 1,5 % hatte überhaupt keinen Wehrdienst geleistet.

Insgesamt ist das soldatische Gesamtbild des Göttinger Nachkriegssemesters nicht zu übersehen: Nicht nur wegen der zum Teil noch dürftigen Militärkleidung, sondern auch weil die Selbstthematisierung als Soldat in der allgemeinen Schulddebatte unter Dauerbeobachtung stand. Dieser Eindruck wird bestätigt durch die große Fragebogen-Aktion, die das Hochschul-Informations-System in den 80er Jahren mit Unterstützung unseres damaligen Rektors Norbert Kamp unter Angehörigen des Nachkriegssemesters durchgeführt hat.[12] Die zum Teil sehr anschaulichen Berichte über die Studien- und Lebenssituation der Studierenden lassen jedenfalls den Schluss zu, dass trotz der verständlichen Sorge der Besatzungsmacht vor na-

9 David Phillips, The Re-Opening of Universities in the British Zone: The Problem of Nationalism and Student Admission, in: ders. (Hg.), German Universities after the Surrender. British Occupation Policy and the Control of Higher Education, Oxford 1983, S. 4–20, S. 6.

10 Göttinger Studentenschaft im Zahlenbild, in: GUZ, 1. Jahrgang, H. 3, 10. Jan. 1946, S. 8 ff.

11 Barbara Wolbring, Trümmerfeld der bürgerlichen Welt. Universität in den gesellschaftlichen Reformdiskursen der westlichen Besatzungszonen (1945–1949), S. 57.

12 Waldemar Krönig/Klaus-Dieter Müller, Nachkriegs-Semester. Studium in Krieg und Nachkriegszeit, Stuttgart 1990. Ein Drittel der 710 ausgewerteten Fragebögen stammte allein von Ex-Göttingern.

tionalsozialistischen Vorbehalten in der jungen Generation eher von einem studentischen Desinteresse an der Politik, auch an den Nürnberger Prozessen und vor allem an der Vergangenheit ihrer Professoren auszugehen ist.[13] Dennoch blieb das klassische Zeichen studentischen Missfallens, das Trampeln mit den Füssen, das empfindlichste Barometer studentischen Protests gegen allzu öffentliche Schuldbekenntnisse und Ausdruck des allgemeinen Misstrauens gegenüber den Versprechungen der Sieger-Demokratie in einer »verratenen Generation«.[14] Das ist auch der Grund, warum die Briten von November 1946 bis Februar 1947 mit einem vorläufigen Zulassungsstopp von ehemaligen Offizieren zum Studium auf solche wiederholten Unmutsäußerungen reagierten.[15]

Vor diesem Hintergrund ist es nicht erstaunlich, dass Fragen des soldatischen Nationalismus und der persönlichen Ehre der Soldaten in der universitären Öffentlichkeit eine große Rolle spielten. Der erste britische Education Officer für Göttingen, L. H. Sutton, machte sich – wahrscheinlich aus Anlass eines Auftritts von Martin Niemöller – im Januar 1946 ernsthafte Gedanken über die *shuffling feet* an der Universität Göttingen.[16] Er machte sich keine Illusionen über den materiell und moralisch erbärmlichen Zustand der Studentenschaft. Die Studenten erschienen ihm geradezu als naiv in ihrer kindlichen Einfalt, mit der sie sich immer wieder darauf hinaus redeten, »that they were powerless against the Party and that they had no personal responsibility either for the bestiality of Nazism or for the war.« (112) Von den Professoren versprach er sich dabei, nebenbei gemerkt, keine echte Hilfe:

»In Göttingen there are some eighty or more dismissed professors hanging about the town, each one of whom is a potential nucleus of a subversive cell. Their facilities for collecting around them disaffected students and for disseminating Nazi teaching is actually greater than if they were still in the staff.« (117)

---

13 Ebd., S. 234 f.
14 Ebd., S. 70; zur Entstehung der Generationsrede in der Kriegsjugend vgl. Benjamin Möckel, Erfahrungsbruch und Generationsbehauptung. Die ›Kriegsjugendgeneration‹ in den beiden deutschen Nachkriegsgesellschaften, Göttingen 2014.
15 Phillips, S. 7.
16 L. H. Sutton, Shuffling Feet. A Discourse on the University of Gottingen, in: Phillips S. 109–117.

Die Entnazifizierungsfrage war zu dieser Zeit noch völlig ungeklärt und hing wie ein Damoklesschwert über dem Universitätspersonal.[17]

Doch zurück zu den *shuffling feet*: Der Anlass war offenbar die Vortragsreise, in der Martin Niemöller die Haltung des Stuttgarter Schuldbekenntnisses öffentlich verteidigte. Es ging dabei eben nicht, wie von der britischen Lizenz-Presse kolportiert und immer wieder empört zurückgewiesen wurde, um ein Eingeständnis in der Kriegsschuldfrage, sondern um die Selbstanklage, angesichts der Verbrechen »nicht mutiger bekannt, nicht treuer gebetet, nicht fröhlicher geglaubt und nicht brennender geliebt« zu haben. Das Bekenntnis, das eigentlich nicht zur Veröffentlichung in den Gemeinden, sondern zur Wiederherstellung ökumenischer Beziehungen gedacht war und möglicherweise deshalb auch den Judenmord unerwähnt ließ, zielte im Kern auf die Intensivierung der Frömmigkeit.[18] Der Chefredakteur der Göttinger Universitätszeitung, Dietrich Goldschmidt, berichtete von dem Vortrag Niemöllers in den überfüllten Göttinger Kirchen, ohne *shuffling feet* zu erwähnen.[19] Niemöller habe den »Mut zur Wahrheit« und die »Rückkehr zu Gott« gefordert, auch die Schuld des Schweigens benannt, bei der Kommunistenverhaftung, Judenverfolgung, Euthanasie, und dem Polen- und Russenmord. Und er forderte das Ehrgefühl der soldatischen Nation heraus. Der Stolz des anständigen Soldaten, der seine Pflicht getan habe, verblasse vor der Tafel am Dachauer Krematorium mit den Opferzahlen:

17 Zur Entnazifizierung vgl. Einar Brynjolfsson, Die Entnazifizierung der Universität Göttingen am Beispiel der Philosophischen Fakultät, MA-Arbeit Göttingen 1996, und Gerhard Rammer, Die Nazifizierung und Entnazifizierung der Physik an der Universität Göttingen, Göttingen Diss. 2004.

18 Zu Hintergrund und Selbstauslegung durch Martin Niemöller vgl. Martin Greschat (Hg.), Im Zeichen der Schuld. 40 Jahre Stuttgarter Schuldbekenntnis, Neukirchen 1985 (Zitat auf S. 46).

19 Der Weg zum Neubau. Pfarrer Niemöller sprach in Göttingen vor Professoren und Studenten, in: GUZ 1. Jahrgang, H. 4, 25. Jan. 1946, S. 11. Vgl. auch Krönig, Müller, S. 71 f. Dort wird zitiert aus dem Sonderdruck: Pfarrer Niemöller D. D. an die Göttinger Studenten, Rede gehalten auf Einladung der evangelischen Studentengemeinde am 17.1.1946 zu St. Jacobi in Göttingen: »Wir hätten schreien müssen...Die Entschuldigung ›Ich habe davon nichts gewußt‹ ist bei jedem erwachsenem Menschen unwahr...Das ist unsere Schuld«.

»Eine Kriegsschuldfrage gibt es nicht, der Mord an 5 bis 6 Millionen Juden verbietet auch nur die Diskussion darüber. Die Schuld sitzt tiefer: Dort wo ich sage: ›Ich bin nicht verantwortlich.‹« (12)

Als Niemöller offenbar dieselbe Rede wenige Tage später, am 22. Januar, noch einmal in Erlangen hielt, wurde aus dem breiten Medienecho auf die studentischen Unmutsäußerungen erst der »Fall Niemöller«. Dort hatten offenbar Studenten durch lautstarkes Trampeln und Türenknallen ihr Missfallen zum Ausdruck gebracht, als der Redner davon sprach, dass er jeden Polen auf der Strasse um Verzeihung für die seinem Volk zugefügten Untaten bitten würde.[20]

Die Reaktion auf das Stuttgarter Schuldbekenntnis war auch in der GUZ eher verhalten bis ablehnend.[21] Noch ein Jahr später musste sich der bekennende Hitler-Attentäter Axel von dem Bussche vor seiner Wahl zum dritten Göttinger Asta-Vorsitzenden im Wintersemester 1946/47 für seinen vermeintlichen Treu- und Eidbruch gegen heftigen studentischen Protest durchsetzen.[22] Das Argument, dass es der »Führer« war, der den Eid gebrochen hatte, war noch lange nicht *common sense*.[23] Die Göttinger Schlüsselrede zum Verständnis dieser verhängnisvollen Selbstbindung in der Schuldfrage war jedoch die lange verschollene, eigentliche Eröffnungsrede des ersten Nachkriegs-Semesters, bei der die Problematik des richtigen Sprechens über die Schuld (in diesem Fall sogar über die eigene Unschuld) sowie die des verletzten nationalen Stolzes zusammen kamen: Der Anglist Herbert Schöffler sprach aus eigenen Stücken und vor großem Publikum am 18. und 19. Oktober 1945 im großen Physiksaal »Zur Lage«. Als der Mediävist Hermann Heimpel, Gründer und langjähriger Direktor des MPI für Geschichte in Göttingen, im November 1985 zum 40. Jubiläum der Wiedereröffnung der Universität sprach, konnte er davon nur vom Hörensagen berichten. Als aber studentische Mitschriften dieser Rede auftauchten, hat er sie ediert und in einer Weise inter-

---

20 Nach der Überlieferung von Wolfgang Trillhaas in: Krönig, Müller, S. 72.

21 Vgl. Für und wider Niemöller, in: GUZ, 1. Jahrgang, H. 5, 8. Febr. 1946, S. 9 f.

22 Vgl. Axel von dem Bussche, Eid und Schuld, in: GUZ 2. Jahrgang, H. 7, 7. März 1947, S. 1–4. Vgl. ausführlich in Krönig/Müller, S. 64 f.

23 Vgl. Norbert Frei, Erinnerungskampf. Der 20. Juli 1944 in den Bonner Anfangsjahren, in: ders., 1945 und wir. Das Dritte Reich im Bewußtsein der Deutschen, München 2005, S. 129–144.

pretiert, die selber als Teil der besagten akademischen Selbstbindung interpretiert werden muß.[24]

Schöffler war als Anglist mit kulturhistorischen Vorlieben aus der Leipziger Lamprecht-Schule 1941 von Köln nach Göttingen »zwangsversetzt« worden, weil seine kleine Serie über den Witz der deutschen Stämme, die er ausgerechnet in Goebbels Publikumszeitschrift »Das Reich« publiziert hatte, den Unwillen des Kölner Gauleiters geweckt hatte.[25] Die eigentliche Leistung in seinem breiten anglistischen Oeuvre bestand jedoch in der Betonung religionskultureller Voraussetzungen nicht nur für die Literatur, sondern für das Geistesleben überhaupt, auch das deutsche. Seine besondere Aufmerksamkeit galt dabei unter anderem auch der spezifischen Bedeutung des freikirchlichen Protestantismus für die englische Arbeiterbewegung. Dies erklärt, verkürzt gesagt, auch den Ansatz der offenbar frei gehaltenen Rede über seine, wie Kaehler meinte, »geisteswissenschaftliche(n) und persönliche(n) Auffassung des Nationalsozialismus in Vorlesungsform«.[26] Britische Besatzungsoffiziere waren offenbar auch dabei.

Der geistesgeschichtliche Grundtenor seiner Ausführungen bestand in der klassischen kulturkritischen Diagnose, dass sich der Nationalsozialismus als »Ersatzreligion« (367) in dem »Weltanschauungsvakuum« habe ausbreiten können, das das Luthertum über verschiedene Stufen der Staatsgläubigkeit angerichtet habe. Kennzeichnender sind aber seine privaten Bekenntnisse zur Faszination des Nationalsozialismus, die er sich als jemand, der ohne Parteibuch immer wieder den Unwillen der Partei erregt hatte, glaubte öffentlich ge-

24 Vgl. Hermann Heimpel, Neubeginn 1945, in: Der Neubeginn der Georgia-Augusta zum Wintersemester 1945–46. Akademische Feier zur Erinnerung an die Wiedereröffnung der Georgia-Augusta vor 40 Jahren am 27. November 1985 mit Vorträgen von Hermann Heimpel, Norbert Kamp und Walter Kertz (Göttinger Universitätsreden 77), Göttingen 1986, S. 11–22; vgl. auch die Rede selbst in ders.; ›Zur Lage‹. Eine Vorlesung des Professors der Englischen Philologie, Herbert Schöffler, gehalten im Oktober 1945, in: Hartmut Boockmann/Hermann Wellenreuther (Hg.), Geschichtswissenschaft in Göttingen. Eine Vorlesungsreihe, Göttingen 1987, S. 364–399.

25 Posthum herausgegeben von Helmuth Plessner: Herbert Schöffler, Kleine Geographie des deutschen Witzes, Göttingen 1955.

26 Kaehler an Heimpel brieflich, in: Heimpel, Neubeginn, S. 18 und ders.; Zur Lage, S. 364.

statten zu dürfen. Schöfflers Rede erweckte mit seinem unsystematischen Redestil, wie Heimpel zu Recht anmerkte, den »Eindruck eines fast chaotischen, ja panischen Sprechens« (385). Es handelte sich recht eigentlich um ein Geständnis, in dem er unbewusst, vielleicht sogar gezielt provokativ von seiner eigenen Verführung sprach: Er gestand, um nur einige Beispiele heraus zu greifen, dass er als Student auch Antisemit gewesen sei, er habe den Juden als »Aussauger« angesehen, später aber den »Reiz jüdischer Geistigkeit« schätzen gelernt, und insbesondere bei »Jüdinnen«, »wenn sie nicht zu rationalistisch waren«, sich »wohl befunden«.

»Der Jude sehr leicht ein Mensch des ›Zu‹: Zu eitel oder zu schmuddelig bis zum Riechen, zu schüchtern oder zu zudringlich, zu empfindliches Ehrgefühl, oder zu wenig – Gefahr in diesem Charakter« (381 f.)

Zum Schluss dieses Abschnitts folgt die Empfehlung: »Juden dürfen nicht überhand nehmen. Eine Fakultät kann 2–3 vertragen«! An einer früheren Stelle der Rede führte Schöffler ganz unvermittelt aus, es sei ein »grundlegender Irrtum Hitlers« gewesen, dass er nicht gefühlt habe, »dass man so das Judentum nicht packen kann. Ausrottung des Lubliner Ghettos und Vergasung konnten das Problem nicht abtun« (370).

Man kann in diesen erratischen Äußerungen nicht nur den üblichen »kulturellen Code« des Antisemitismus als Vorurteil erkennen. Sie sind auch keineswegs, wie Heimpel etwas hilflos einräumt, »nun wirklich unbegreifliche Reste aus der Jugendzeit« (395). Sie geben vielmehr eine tiefere Selbstbindung preis, vor allem im Hinblick auf die militärischen Erfolge Hitlers und die vermeintlichen Errungenschaften der »Volksgemeinschaft«. Schöffler äußerte »Respekt« vor Mussolini und »tiefe Freude über den Anschluss« (371), er sei »auf der Landkarte zeitweise von Hitler überzeugt worden« (374) und habe nach dem Frankreichfeldzug an die »Einigung des Kontinents gegen alle Störungen von außen« geglaubt (375). In der Mitschrift heißt es lapidar: er »glaubte an das Gute, den ganzen Plan«, und dazu gehörte auch die NSV – »viel besser als Charitas und Bodelschwing.« – die HJ- und BDM-Erziehung und die Lebensmittelrationierung sowie die KdF-Reisen (375). Hier wirkten nicht nur Elemente der Volksgemeinschaftsideologie nach, es wurden verborgene Sehnsüchte einer gemeinschaftssüchtigen Erwartungshaltung sichtbar, die von den Nationalsozialisten nicht nur bedient worden waren, sondern die auch Nicht-Nationalsozialisten angesichts des soldatischen Einsatzes – und Opfers – noch nachträglich für gerechtfertigt hielten.

Heimpel sah darin später nur etwas verschwommen die Verbundenheit mit den »Denkformen des Jahrhunderts«, die Nachwirkungen des Traumas von »Versailles« sowie »das Widerstand knickende Grundgefühl von der sauberen Wehrmacht im sauberen Staat« (394). Das ist in der Tat der Kern des Geständnisses, das Schöffler zum Verhängnis werden sollte. Es sei ihm lieber, so führte er aus, dass es nicht so gekommen sei, wie es der 20. Juli hätte »fügen können«. Nämlich, dass der Führer, der »auch mein Führer war, an den ich in der napoleonischen Ebene geglaubt habe bis Stalingrad«, sich am Ende den Tod gibt, weil *er keinen Ausweg mehr sieht*, statt dass er »unüberzeugt (!) von einer Tellermine eines Volksgenossen zerfetzt worden wäre« (380). An die Studenten richtete er daher den Appell, die Reihen zu schließen. Man habe schon zwei Rektoren in die Wüste schicken müssen, »die mit reinen Händen und reinen Herzen geglaubt haben«, viele seien »fremden Fragebögen zum Opfer gefallen«, denen man nur noch seelisch helfen könne: »*Jetzt keine Denunziation* (nun aber Schluss mit der Selbstverketzerung!« (378). Damit meinte er offenbar nicht nur die Unwägbarkeiten der Entnazifizierung, von der er selber nichts zu fürchten hatte, sondern auch den Stolz der heimgekehrten Soldaten, die er vor den britischen Offizieren verteidigte: »Der deutsche Soldat unbestritten der beste: und wo wäre Frankreich, wo Russland allein! Die Leistung wurde von keinem Professor bestritten« (380).

Wie Heimpel vom Sohn Herbert Schöfflers erfuhr, war dies der Moment, in dem »der Beifall nicht ausblieb«. Schöffler wurde am 27. November, nach einem weiteren Vortrag am 10. November über »Labour Party und Religion«, mit dem er offenbar mit demselben mitlaufenden Kommentar die erste öffentliche Sitzung der Akademie der Wissenschaften bestritten hatte, zum Hauptquartier nach Bünde bestellt und unmissverständlich streng verwarnt. Die Briten zeigten an dieser neuralgischen Stelle ganz andere Reaktionen, als die, wofür er sie selbst noch in seiner Vorlesung gelobt hatte: »frankness, fairness, help – for that we thank You, gentlemen« (382). Im Gegenteil, als er in Bünde nachfragte, ob er das Problem noch diskutieren dürfe, erhielt er, nach Aussagen des Sohns, »die lautstarke Antwort: ›No Sir!‹« (398, Fn.61). In diesem Punkt waren die Briten eisern. Das Verbot

»to glorify militarism« stand deshalb auch an der Spitze ihres Befehls vom 25. Oktober.[27] Nun sah sich die Universität gezwungen, von jedem Lehrenden per Senatsbeschluss und Gegenzeichnung zu verlangen, sich »größte Zurückhaltung in politischen Äußerungen in den Vorlesungen« aufzuerlegen. Wie Smend in einer Aktennotiz festhielt, hatte sich die Britische Militärregierung beim zuständigen Oberpräsidium in Hannover »recht scharf« wegen der Akademie-Rede von Schöffler beschwert. Sie sei »sachlich mangelhaft fundiert und unwissenschaftlich und formell in unakademischer Weise vorgetragen« worden. Sein Verhalten sei »ein Symptom« für die unzulässige Praxis politischer Äußerungen in Vorlesungen, größte Zurückhaltung sei zu empfehlen, »sonst könnten sich einzelne Göttinger Universitätslehrer plötzlich vor einem Britischen Militärgericht wiederfinden.« Man wünsche keinen Eingriff in die Lehrfreiheit, sondern eine streng aufgefasste wissenschaftliche und akademische Haltung und keine Randbemerkungen zu politischen Tagesereignissen.[28]

Der Fall Schöffler entwickelte sich damit zu einer politischen Gefahr, nicht nur für ihn selber, sondern, wie Smend sofort erkannte, für die Universität als Ganzes und ihre auf Wissenschaftlichkeit begründeten Ansprüche auf korporative Autonomie, auch wenn Smends Amtsführung selbst ausdrücklich nicht in Frage gestellt wurde. Er berichtete daher umgehend dem Oberpräsidium, dass die Akademie trotz einiger »Bedenken« und »Befürchtungen« wegen Schöfflers Verhalten bei anderer Gelegenheit an der Einladung festgehalten habe, nicht nur wegen seiner wissenschaftlichen Verdienste, sondern weil man gerade wegen seiner engen Beziehungen zu den Herren der Militär-Regierung geglaubt habe, dass er »alle durch die Gegenwartslage gebotenen Rücksichten sorgfältig« beachten werde.[29] Der Vortrag habe aber die eigenen Befürchtungen bestätigt, man teile die

27 Directive des Education Control Officer (Sutton) an Rektor der Universität Göttingen, 25. Okt. 1945, in: Universitätsarchiv Göttingen (UAG), Rek. Verfügungen der Militärregierung (Education). Daneben galt das Verbot, in der Lehre die NS Führer oder ihre vermeintlichen Erfolge zu loben, diskriminierende Äußerungen wegen Rasse oder Religion, abfällige Äußerungen über fremde Nationen und jede Art von Kriegsvorbereitung, sogar Sport als para-militärisches Training.

28 Aktennotiz Smend, 4.12.1945, UAG Rek. PA Schöffler, Herbert.

29 Smend an Oberpräsidenten der Provinz Hannover, 4. Dez. 1945, UAG Rek. PA Schöffler, Herbert.

Kritik und habe auf ärztlichen Rat und in Absprache mit der Ehefrau darauf hingewirkt, dass Schöffler einen längeren Erholungsurlaub antrete und »auf absehbare Zeit« auf »alles öffentliche Hervortreten« verzichte.

Es geht hier nicht darum, das ärztliche Urteil zu bezweifeln, wonach Schöffler – wie Smend amtlich argumentierte – sich in einem »ans Pathologische grenzenden Erregungszustand befindet, auf den sein seit einigen Wochen vielfach hervortretender Mangel an Selbstkritik und insbesondere sein Fehlgreifen« in seinem Akademie-Vortrag zurückzuführen sei.[30] Es geht auch nicht um Rücksichten gegenüber der Besatzungsmacht, sondern um das unbewusste Eingeständnis der Mit-Schuld im Bewusstsein der Unschuld. Nach Schöfflers Selbstmord am Gründonnerstag 1946 hat sich die medizinisch-menschliche Lesart seines Scheiterns verständlicherweise etabliert. Rektor Rein sprach an seinem Grab von einem »Ruhelosen und wohl auch Einsamen«, bei dem »Niedergeschlagenheit und tiefe Euphorie wechselten«.[31] Tatsächlich hat Schöffler in demselben Zeitraum neben den verschiedenen Vorträgen und dem vollen Lehrprogramm am 28. Oktober im Deutschen Theater noch eine weitere bemerkenswerte Rede an die Studenten gehalten, in der er dazu aufrief, freie kulturelle Vereinigungen aller Art zu gründen, was tatsächlich, wie überliefert ist, zu einem »Urknall« für die kulturelle Selbstorganisation der Studentschaft geführt hat, eine apolitische Alternative zwischen dem weiter bestehenden Verbot der Verbindungen und den noch nicht zugelassenen politischen Studentenvereinigungen. Diese auch erst sehr viel später gedruckte Rede ist übrigens frei von irgendwelchen politischen Anspielungen, aber voll von Schöfflers eigener überbordender Neugier, und wirkt mit seiner naiven Begeisterung für die Selbsterkundung der Jugend in Natur und Landschaft, Kultur und Kunst eher wie ein jugendbewegtes Bildungsprogramm.[32]

Die persönliche Tragik des Falls Schöfflers hat gewiss dazu beigetragen, dass sich die einfühlsame Lesart der Rektoren durchgesetzt hat: Auch Heimpel war nach 40 Jahren noch überzeugt, dass die Hörer spürten, dass ein »Überanstrengter vor ihnen stand«:

---

30 Ebenda.
31 GUZ, 1. Jahrgang, H. 9, 10. Mai 1946, S. 11.
32 Vgl. Krönig/Müller, S. 74. Diese Rede ist im Anhang gedruckt, Dok. 16, S. 342–348.

»Überanstrengt von dem, was er sah: Elend der Flüchtlingsströme, was er wusste: noch unabsehbare Gefangenschaften, sein Leipzig, sein Köln in Trümmern, und was er im geschonten Göttingen tat: gewissen-haftes In-sich-Hineinhören«.[33]

Ein studentischer Erinnerungsbericht nimmt direkt darauf Bezug, wie Schöffler in der ganzen Ratlosigkeit der Davongekommenen mit seiner Rede eine erste Hilfe bei dem Versuch bot, einen Standort zu finden: »Sie gab geistige Nahrung, Denkanstösse, Lichtblicke, Hoffnung«, aber seine »vereinfachte Rückschau« war auch unter den Studenten damals schon umstritten.[34] Es besteht gar kein Zweifel, dass Schöffler seine Legitimation als Sprecher des Neuanfangs nicht nur auf seine wissenschaftliche Reputation, sondern auf die eigene Erfahrung im Dritten Reich zurückführte. Zu seinen Gunsten konnte der Rektor bei der britischen Besatzungsmacht eine ganze Reihe von Schwierigkeiten mit dem NS-Regime anführen, um den drohenden Entzug der Lehrerlaubnis aus politischen Gründen zu verhindern, was auch gelang.[35]

Dennoch legt der Vortrag »Zur Lage« im Rahmen der öffentlichen Schulddebatte eine andere Lesart nahe, die über die persönliche Tragik des Falls hinaus führt, und die schon aus vergangenheitspolitischen Gründen weder Smend noch Heimpel ohne Weiteres zugänglich gewesen sein konnte. Erst nachdem sich die Geschichtswissenschaft den Praktiken der akademischen Vergangenheitspolitik zugewandt hatte, konnte 2001 der Freiburger Romanist Frank-Rutger Hausmann,

33 Heimpel, Zur Lage, S. 398.
34 König/Müller, S. 74. Im studentischen Dank bei der Begräbnisfeier wurde ebenfalls an die Rede erinnert: »Unvergesslich wird uns bleiben, wie er im Oktober vergangenen Jahres vor einer Zuhörerschaft aus allen Kreisen der Universität freimütig Stellung nahm zu Deutschlands und der Universität Lage nach dem verlorenen Krieg«, in: GUZ, 1. Jahrgang, H. 9, 10. Mai 1946, S. 12.
35 Political Record of Herbert Schöffler, in: UAG Phil. PA Schöffler, Herbert, fol. 13–15; und Abridgement (fol. 18). Auf einer Anfrage betr. des Vortrags hat das Dekanat geantwortet, das kein Manuskript existiere, weil weitgehend frei gesprochen wurde. Auf der Rückseite wurde handschriftlich vermerkt, dass die Lehrtätigkeit von der Britischen Militärregierung am 19. Januar 1946 (wieder?) genehmigt worden sei. Ebenda, Mitteilungen an den katholischen Volksbund, 31. Jan. 1946.

der beste Kenner dieser Materie, ein ganz anderes Fazit ziehen.[36] Er wies darauf hin, dass Schöffler trotz aller Schwierigkeiten sehr wohl am »Kriegseinsatz« der deutschen Geisteswissenschaft beteiligt und voll des Lobes über den deutschen Machtstaat gewesen sei. Schöfflers Rede, so Hausmann, sei eine »skandalöse Rede«, aus der sich ein »erschreckendes Bild« ergebe, nicht nur wegen der Ausführungen über die Juden, sondern weil er als Unbelasteter offenbar geglaubt habe, sich eine solche verharmlosende Bilanz erlauben zu können, und man davon ausgehen könne, dass »seine Meinung typisch für viele Deutsche war und bleiben sollte«. Unabhängig von Smends Verteidigungsstrategie hält Hausmann es daher für wahrscheinlich, dass diese Vorgänge Schöffler »so tief verunsichert und aufgewühlt« haben, dass er sich am 19. April 1946, vor dem nächsten Semester, das Leben nahm. Hausmann geht es also sowohl moralisch wie methodisch gerade nicht mehr nur um das verständnisvolle »In-sich-Hineinhören«, das Heimpel aus guten Gründen auch für sich selbst nur zu gern in Anspruch genommen hat.[37] Hausmann sah dagegen in dem ungeschützten Sprechen einen typischen Beleg für den »langfristigen Erfolg der nationalsozialistischen Infiltration von Denken und Sprechen auch solcher Zeitgenossen, die dem Regime ablehnend bis feindlich gegenüber standen«.

Tatsächlich zeigen die beiden im Document Center überlieferten politischen Beurteilungen das ganze Dilemma dieser Ambivalenz. Der NS-Rektor, den Schöffler in seiner Rede wegen seines »reinen Herzens und der reinen Hände« rühmte, hatte ihn nach dem Attentat vom 20. Juli 1944 als Anhänger des Liberalismus denunziert, der aller-

---

36 Frank-Rutger Hausmann, »Jetzt wollen sie ihn auch noch aus der Karriere schießen«. Was der Kölner Anglist Herbert Schöffler in »Das Reich« über den Witz der deutschen Stämme schrieb, amüsierte seinen Gauleiter nicht, in: FAZ 18. Juli 2001, Nr.164. Die Artikelüberschrift in der FAZ ist offenbar irreführend, denn darum ging es Hausmann nur am Rande.

37 Vgl. Frank Rexroth, Geschichte schreiben im Zeitalter der Extreme. Die Göttinger Historiker Percy Ernst Schramm, Hermann Heimpel und Alfred Heuss, in: Christian Starck/Kurt Schönhammer (Hg.), Die Geschichte der Akademie der Wissenschaften zu Göttingen, Teil 1, Berlin 2013, S. 265–299 (bes. 286ff.); vgl. auch Anne Christine Nagel, Im Schatten des Dritten Reiches. Mittelalterforschung in der Bundesrepublik, 1945–1970, Göttingen 2005, S. 192 u. 196. Weniger kritisch: Hartmut Boockmann, Der Historiker Hermann Heimpel, Göttingen 1990.

dings »gerade wegen seines Mangels an Haltung auch in keiner Weise gefährlich ist«.[38] Demgegenüber bescheinigte die Göttinger NSDAP-Kreisleitung seine »politische Zuverlässigkeit« und hatte noch im November 1944 gegen eine Berufung nach Leipzig nichts einzuwenden.[39] Wir wissen inzwischen gerade am Beispiel Göttingens von der Willkürlichkeit solcher Beurteilungen und der Brüchigkeit des Volksgemeinschaftsanspruchs.[40] Das macht aber das Urteil Hausmanns umso glaubwürdiger, dass auch bedeutende Gelehrte mit kritischem Urteil in ihrer Faszination dem Regime »möglicherweise gerade dadurch größere Dienste (leisteten) als überzeugte Nationalsozialisten«.[41]

Das galt natürlich auch und gerade für die Zeit nach dem Nationalsozialismus, als sich der »Vorsprung«, von dem Smend sprach, schon im ersten Semester fast in ein Fiasko verwandelt hätte, weil hier ein vergleichsweise Unbelasteter öffentlich über die eigene vermeintliche Unschuld und nicht wie Jaspers oder Niemöller über die deutsche Schuld gesprochen hat. Die Universität tat sich bekanntlich schwer, als Institution über ihre eigene Schuld zu sprechen. Von einer institutionellen Reform ganz zu schweigen. Es rief nur Unverständnis und Empörung hervor, wenn der Chefredakteur der Göttinger Universitätszeitung, Dietrich Goldschmidt, schon im Wintersemester 1946/47 kritisierte, das Lehrprogramm lasse zwar viel Routine, aber kaum Verantwortung für die Aufgabe der »allgemeinen und politischen Bildung« erkennen, Emigranten- oder Auslandsberufungen würden verschleppt, und eine einfache Rückkehr zu den Verhältnissen vor 1933 müsse eigentlich ausgeschlossen sein.[42] Bei einer wiederholten Kritik im Mai 1948 empörte sich Hermann Heimpel als Dekan gegenüber dem Rektor über die »überhebliche« und »anmaßende« Professorenkritik:

»In Wahrheit ist dieses Blatt, wie seine jüngste Entwicklung zeigt, zum Organ einer Clique geworden, die für das wirkliche geistige Leben und den

38 BArch, Berlin Document Center, VBS 1/1170022413.

39 Ebd.

40 Vgl. Kerstin Thieler, ›Volksgemeinschaft‹ unter Vorbehalt. Gesinnungskontrolle und politische Mobilisierung in der Herrschaftspraxis der NSDAP-Kreisleitung Göttingen, Göttingen 2014.

41 Hausmann, Karriere.

42 Vgl. Dietrich Goldschmidt, Universitas? In: GUZ, 1. Jahrgang, H. 20, 15. Nov. 1946, S. 1 f.

Rang unserer Universität nicht repräsentativ ist. Entweder sollte sich dieses Blatt einen anderen Namen geben oder die Göttinger >Universitätszeitung< sollte, wenn nicht der Disziplin, so doch der Einflussnahme des Senats geöffnet werden.«[43]

Andere Kollegen sahen in Goldschmidts gut begründeten Einspruch, der sich auf vergebliche englische Versuche zur Hochschulreform berufen konnte, sogar eine Wiederkehr der »wild gewordenen« Dozenten und Studenten, die 1933 »als >Stosstrupp< den totalitären >Geist< in die Universitäten trugen«.[44]

Für Dietrich Goldschmidt, den späteren Direktor des Max-Planck-Instituts für Bildungsforschung, der bei Helmuth Plessner als Assistent gedient hatte, war jedenfalls aus der Rückschau klar, dass diese Debatten eher in der Universitätszeitung als an der Universität selber stattgefunden hatten.[45] Als »Mischlingskind« im Sinne des Dritten Reiches hatte Goldschmidt auch einen Verdacht, den er konkret am Beispiel von Hermann Heimpel exemplifizierte: Während dieser sich zunächst »nicht genug tun« konnte, ihm sein Mitleid über den Tod von Goldschmidts emigriertem Vater im Londoner Blitz zu bekunden, hielt er später als Göttinger Geistesgröße bewusst und deutlich Abstand. Wie Goldschmidt zu Ohren gekommen war, hatte Heimpel sich im Dritten Reich geweigert, weiter in einer Münchner Pension abzusteigen, weil die Wirtin »Mischling« war – wie er. Eine Vergangenheit, die auch Heimpel nur beschweigen konnte.

»Er war prominent geworden, ich hochschulkritischer Assistent. So war ich für ihn Luft. Ich könnte die Reihe derartiger Begegnungen verlängern.«[46]

43 Hermann Heimpel an Rektor Raiser, 11. Mai 1948, UAG Rek. 1703 Universitätszeitung.

44 Eberhard Schmidt (Staats- und Rechtswissenschaftlichen Fakultät) an Rektor Raiser, 10. Mai 1948, ebd.

45 Dietrich Goldschmidt, Als Redakteur bei der Göttinger Universitätszeitung: Erinnerungen 1945 bis 1949, in: Das Argument 37 (1997), S. 207–222. Das galt übrigens auch für das ausseruniversitäre Historische Colloquium, vgl. Herbert Obenaus, Geschichtsstudium und Universität nach der Katastrophe von 1945: das Beispiel Göttingen, in: Karsten Rudolph/Christel Wickert (Hg.), Geschichte als Möglichkeit. Über die Chancen von Demokratie (Festschrift für Helga Grebing), Essen 1995, S. 307–337.

46 Goldschmidt, S. 220.

Ähnliche Erfahrungen mit einer durchaus »nicht-symmetrischen Diskrektion« hat auch Helmuth Plessner in seiner Göttinger Zeit machen müssen.[47] Das durfte einer der Gründe dafür gewesen sein, dass Heimpel auch nach 40 Jahren nicht in der Lage war, den Vortrag Schöfflers als das Menetekel zu lesen, das er 1945 nicht nur für die Universität und Akademie in Göttingen war. Das schließt nicht aus, dass er als religiöser Mensch im Alter von entsprechenden Gewissensbissen wegen seines eigenen Verhaltens im Dritten Reich geplagt war.[48] Für die Verpflichtung, sich der Vergangenheit zu stellen, reichten »silentio et spe« aber offenbar nicht aus. Es genügte auch nicht, solches Reden zum Schweigen zu bringen. Es war vielmehr und ist bis heute eine Aufgabe der akademischen Selbstachtung, sich dieser ambivalenten Selbstbindung der Wissenschaft nicht nur im Dritten Reich, sondern auch und gerade in der Nachkriegszeit zu stellen.

47 Vgl. Carola Dietze, Nachgeholtes Leben. Helmuth Plessner 1892–1985, Göttingen 2006, S. 383 ff.
48 Entsprechende Andeutungen in der Ansprache von Lothar Perlitt, Abt von Bursfelde, in der Trauerfeier für Hermann Heimpel am 3. Januar 1989, in: In memoriam Hermann Heimpel, Gedenkfeier am 23. Juni 1989 in der Aula der Georg-August-Universität, Göttingen 1989, S. 47–60. Für den Hinweis danke ich Prof. Dr. Hans Medick, Göttingen.

Kerstin Thieler

Universitäre Personalpolitik zwischen ideologischer Verfolgung und politischer Anpassung im Nationalsozialismus und ihre Auswirkungen in der Nachkriegszeit[1]

Universitäten waren entgegen ihrer Selbststilisierung als >unpoli-
tische< Institutionen in der Nachkriegszeit aktiv an der Umsetzung
nationalsozialistischen Unrechts beteiligt.[2] Erst im Verlauf der acht-
ziger Jahre begann, nachdem die deutsche NS-Historiographie um
die Geschichte der Judenverfolgung und die Involvierung der deutschen Bevölkerung zunächst einen weiten Bogen gemacht hatte, auch
die Beschäftigung mit der universitären Verstrickung in das NS-
Regime.[3] Zuvor hatte bereits 1965 die Januarausgabe der Studenten-
zeitschrift >Politikon< erstmals das Verhalten von Göttinger Professoren in der NS-Zeit öffentlich thematisiert und war noch auf breite,
vor allem professorale Abwehr und Verdrängung gestoßen.[4]

---

1 Für Gustav Rasmus Caspar Spethmann.
2 Vgl. hierzu die Stellungnahme des Dekans der Philosophischen Fakultät,
   Herbert Schöffler, nach der Kapitulation Göttingens: »Die Georg-August-
   Universität ist der Überzeugung, daß die Ursachen der jüngst-vergangenen
   Störungen wissenschaftlicher Tätigkeit nicht aus dem Gebiete der Hochschule erwachsen sind. Sie weist mit Nachdruck darauf hin, daß die Lehrkörper als >reaktionäre< und >der Bewegung feindliche< angegriffen wurden.« In: Universitätsarchiv Göttingen, Senatsprotokolle 1, Beiakte zu den
   Senatsprotokollen, Sitzung vom 25. April 1945: Grundsätzliche Erklärung
   zur Neugestaltung der Universität, April 1945, mit Entwürfen der Professoren Eucken, Schöffler, Weber und Schmucker.
3 Vgl. Sebastian Conrad, Auf der Suche nach der verlorenen Nation. Ge-
   schichtsschreibung in Westdeutschland und Japan, 1945–1960, Göttingen
   1999, S. 133–136.
4 Vgl. Georgia Augusta. Universität im 3. Reich, in: Politikon. Göttinger Stu-
   dentenzeitschrift für Niedersachsen 9 (1965). Vgl. hierzu den Zeitzeugen-

Allerdings waren die Konsequenzen der nationalsozialistischen Personalpolitik für die Göttinger Universität nach 1945 allzu offensichtlich. Unter den Opfern des >Gesetzes zur Wiederherstellung des Berufsbeamtentums< vom April 1933 befanden sich nicht nur, aber auch weltweit renommierte Wissenschaftler wie die Physiker James Franck und Max Born.[5] Die Versuche der Universität, der Akademie der Wissenschaften und auch der Stadt Göttingen, den Kontakt zu ihren ehemaligen Mitgliedern beziehungsweise Bürgern wieder herzustellen, gerieten zum vergangenheitspolitischen Balanceakt.[6] Dieser Beitrag beschäftigt sich daher zunächst mit den Akteuren und Opfergruppen der nationalsozialistischen >Säuberungen< an der Georgia Augusta. Wie die an der Universität verbliebenen Wissenschaftler mit den ideologischen Anforderungen des NS-Regimes umgingen, welche Anpassungsleistungen sie erbrachten und mit welchen staatlichen und nationalsozialistischen Institutionen sie interagierten, steht schließlich in engem Zusammenhang mit den Bedingungen, unter denen nach 1945 die Göttinger Universität mit ihren verfolgten Mitgliedern und Absolventen nach 1945 wieder zu kommunizieren begann.

bericht von Klaus Wettig, Schwierigkeiten mit dem Erinnern und Gedenken, in: ders., Spurensuche und Fundstücke. Göttinger Geschichten, Göttingen 2007, S. 217–226, hier S. 221 ff.

5 Zum unterschiedlichen Ausmaß der Entlassungen an den Universitäten, das vor allem mit der Bereitschaft vor 1933 zusammenhing, überhaupt jüdische Wissenschaftler zu berufen: Michael Grüttner/Sven Kinas, Die Vertreibung von Wissenschaftlern aus den deutschen Universitäten 1933–1945, in: Vierteljahrshefte für Zeitgeschichte 55 (2007), H. 1, S. 123–186.

6 Vgl. Norbert Schappacher, Ideologie, Wissenschaftspolitik, und die Ehre, Mitglied der Akademie zu sein. Ein Fall aus dem zwanzigsten Jahrhundert, Göttingen 2015. http://rep.adw-goe.de/handle/11858/00-001S-0000-0023-9 A17-2 (zuletzt abgerufen am 4.5.2016); Kerstin Thieler, Der lange Weg zur Briefmarke. Vergangenheitspolitische Ehrzuschreibungen an die emigrierten Physiker Max Born und James Franck, in: Dietmar von Reeken/Malte Thießen (Hg.), Ehrregime. Akteure, Praktiken und Medien lokaler Ehrungen in der Moderne, Göttingen 2016.

Die aus der Göttinger Universität Verstoßenen lassen sich drei Gruppen zuordnen: erstens den entlassenen Hochschullehrern; zweitens den Promovierten, denen ihr Doktortitel aberkannt wurde und drittens den Studierenden, die ihr Studium nicht abschließen konnten. Nicht vergessen werden dürfen allerdings die Zwangsarbeiter und Kriegsgefangenen, die an der Universität eingesetzt wurden – die Beteiligung der Universität an weiterem NS-Unrecht steht jedoch nicht im Zentrum dieses Aufsatzes.[7] An der Göttinger Universität wurden in der NS-Zeit 53 Personen des im Wintersemester 1932/1933 aus 253 Personen bestehenden Lehrkörpers entlassen. Hiervon wurden vierzig Wissenschaftler wegen rassenideologischer Kriterien aus ihren Ämtern entfernt, 13 waren mit politischen Begründungen entlassen worden.[8] Diese Maßnahmen waren keineswegs reine Verwaltungsakte, die von Berlin vorgegeben und von der Universität lediglich ausgeführt worden wären. Der Hang zur Selbstmobilisierung – also die intrinsische Bereitschaft, dem NS-Regime zuzuarbeiten – war auch an den Universitäten weit verbreitet und mit machtpolitischen und wissenschaftlichen Interessen verbunden.[9] Das auch unter den Wissenschaftlern weit verbreitete politische Mitläufertum fand seine Ergänzung in der mangelnden Unterstützung der Bedrängten und Verfolgten durch diejenigen Angehörigen der Universität, die nicht direkt bedroht waren. Oftmals verbanden sich an der Universität

7 Vgl. Volker Zimmermann (Hg.), Leiden verwehrt Vergessen. Zwangsarbeiter in Göttingen und ihre medizinische Versorgung in den Universitätskliniken, Göttingen 2007. Siehe hierzu auch die virtuelle Version der Ausstellung »Auf der Spur europäischer Zwangsarbeit in Südniedersachsen 1939–1945«: http://www.zwangsarbeit-in-niedersachsen.eu/de/index-de.html (zuletzt abgerufen am 4.5.2016).

8 Vgl. Kerstin Thieler, ›Volksgemeinschaft‹ unter Vorbehalt. Gesinnungskontrolle und politische Mobilisierung in der Herrschaftspraxis der NSDAP-Kreisleitung Göttingen, Göttingen 2014, S. 364 f.

9 Vgl. Michael Grüttner/Rüdiger Hachtmann, Wissenschaften und Wissenschaftler unter dem Nationalsozialismus. Selbstbilder, Praxis und Ressourcenmobilisierung, in: Michael Grüttner u.a. (Hg.), Gebrochene Wissenschaftskulturen. Universität und Politik im 20. Jahrhundert, Göttingen 2010, S. 143–148.

bürokratische Vorgaben auch mit dem Druck nationalsozialistischer Studierender.

Auch bei der Entziehung von Doktorgraden, dem zweiten Feld universitärer Verfolgung, handelte die Universität nicht nur als Vollzugsorgan. Der Titelentzug folgte in der Mehrzahl aller Fälle der Emigration und der Ausbürgerung von Absolventen und Absolventinnen, insgesamt handelt es sich hierbei um 72 Menschen mit sehr unterschiedlichen Schicksalen nach 1933, hiervon drei Frauen. So wurde dem Historiker, Pazifisten und Friedensnobelpreisträger Ludwig Quidde im Alter von 82 Jahren aufgrund seiner Emigration in die Schweiz die deutsche Staatsbürgerschaft und in der Folge die Doktorwürde aberkannt, die er 1881 in Göttingen erlangt hatte.[10] In einigen Fällen erging der Titelentzug nach einer strafrechtlichen Verurteilung, die keineswegs zwangsläufig die Aberkennung des Titels nach sich hätte ziehen müssen. Hier war es das Engagement der Universitätsleitung, Kann-Bestimmungen zum Beweis der politischen Loyalität zum NS-Regime auszunutzen.

Die dritte Gruppe von Verfolgten bilden jene Studierenden, die ihr Studium nicht abschließen konnten, vom Regime als >nichtarisch< definiert wurden und die angesichts der wachsenden Diskriminierungen unter immer größeren Druck gerieten, die Universität zu verlassen. Die gerade von studentischer Seite geschürte antisemitische Atmosphäre kam hier besonders zum Tragen. Im Juni 1935 wurde die >arische< Herkunft Vorbedingung für die Zugehörigkeit zur allgemeinen Studentenschaft und damit auch für die Zulassung zum Studium. Schon zuvor hatten sich die Studienmöglichkeiten für jüdische Studierende reduziert, viele konnten ihre Examen nicht mehr ablegen.[11]

---

10 Vgl. Kerstin Thieler, »[...] des Tragens eines deutschen akademischen Grades unwürdig«. Die Entziehung von Doktortiteln an der Georg-August-Universität Göttingen im »Dritten Reich«, Göttingen ²2006, S. 62–66.

11 Vgl. Michael Grüttner, Studenten im Dritten Reich, Paderborn 1995. Für die Göttinger Studentenschaft existiert derzeit nur eine Vorstudie, die unter anderen 50 Studierende aufführt, die wegen jüdischer Vorfahren oder auch Lebensgefährten diskriminiert wurden. Vgl. Heiko Frese, Unveröffentlichter Abschlussbericht über das Projekt Unrechtshandlungen an Studierenden und Absolventen der Universität Göttingen während des Nationalsozialismus 2001.

Bei Professoren und Studentenschaft war bereits die Weimarer Republik beziehungsweise ihre demokratische Verfasstheit auf nur geringe Zustimmung getroffen. Die Gründer der Göttinger NSDAP entstammten 1922 dem universitären Milieu, was zwar aufgrund seiner Dominanz in der Göttinger Gesellschaft nicht überrascht, aber bei weitem nicht repräsentativ für die intellektuellenfeindliche Ausrichtung der frühen NS-Bewegung war. Bereits im Wintersemester 1926/27, also noch lange vor den ersten Wahlerfolgen der NSDAP, gründete sich auch der Göttinger Ableger des Nationalsozialistischen Deutschen Studentenbundes. Dieser agitierte gegen linke und liberale Studentengruppen und erreichte bereits 1931 die absolute Mehrheit im Selbstverwaltungsparlament der Studentenschaft. Die politischen Auseinandersetzungen fanden ihre Fortsetzung in den Universitätsinstituten – >unpolitisch< waren Universitäten weder vor noch nach der NS-Zeit.[12] Zwar waren in den Weimarer Jahren nur verhältnismäßig wenige Universitätsangehörige politische Mandatsträger, ihre meinungsbildende Funktion in der Stadt und ihre wissenschaftliche Bedeutung im gesamten Reich zog jedoch die verstärkte Aufmerksamkeit der NSDAP auf sich.[13]

In Göttingen, einer Stadt von damals 50.000 Einwohnern, unter ihnen überproportional viele Beamte und Pensionäre, waren die Sympathien für den Nationalsozialismus deutlich ausgeprägt.[14] Die NSDAP erzielte bei den Reichstagswahlen weit über dem Durchschnitt liegende Ergebnisse und erhielt schon im Juli 1932 51 % aller in Göttingen abgegebenen Stimmen.[15] Bevor erstmals im April 1933 mit dem Berufsbeamtentumsgesetz antisemitische Kriterien Eingang in die offizielle Gesetzgebung des >Dritten Reichs< fanden, konnte die Beurteilung akademischer Berufsgruppen nach rassistischen Maß-

---

12 Vgl. Bernd Weisbrod, Dem wandelbaren Geist. Akademisches Ideal und wissenschaftliche Transformation in der Nachkriegszeit, in: Bernd Weisbrod (Hg.), Akademische Vergangenheitspolitik. Beiträge zur Wissenschaftskultur der Nachkriegszeit, Göttingen 2002, S. 11–38.

13 Vgl. Thieler, >Volksgemeinschaft<, S. 56–73.

14 Zur Wählerforschung im >Dritten Reich< vgl. Jürgen W. Falter/Michael H. Kater, Wähler und Mitglieder der NSDAP. Neue Forschungsergebnisse zur Soziographie des Nationalsozialismus 1925 bis 1933, in: Geschichte und Gesellschaft 19 (1993), H. 2, S. 155–177.

15 Reichstagswahlergebnisse vom 31.7.1932, in: Statistisches Jahrbuch für das Deutsche Reich (1933), S. 542–547.

stäben in Göttingen bereits auf eine Vorgeschichte zurückblicken. Der Göttinger Chemiestudent Achim Gercke hatte schon 1925 das >Archiv für berufsständische Rassenstatistik< gegründet, das 1931 vor dem Zugriff der preußischen Polizei in die NSDAP-Parteizentrale nach München verlegt wurde.[16] Dieses Archiv stellte den Beginn der systematischen Erfassung als jüdisch klassifizierter Menschen dar. Die Ergebnisse wurden in Publikationen über Universitäten, Gerichte und Staatsanwaltschaften zusammengefasst, die die Grundlage für spätere Verfolgungsmaßnahmen in diesen Institutionen bilden sollten.[17]

Nach einer Durchführungsverordnung des Berufsbeamtentumsgesetzes fielen alle Hochschullehrer, gleich, ob verbeamtet oder nicht, unter dieses Gesetz. So gelang es dem NS-Regime, auch an den Universitäten weite Personenkreise in die politischen Loyalitätskontrollen einzubeziehen und deren Verhältnis zum Nationalsozialismus durch die NSDAP und weitere berufsspezifische Organisationen zu überprüfen.[18] Am 25. April 1933 wurden zunächst der Physiker und spätere Nobelpreisträger Max Born, der Jurist Martin Honig, die Mathematiker Richard Courant und Felix Bernstein, die Mathematikerin Emmy Noether sowie der Sozialpsychologe Curt Bondy aufgrund ihrer Abstammung entlassen. Als der Physiker und Nobelpreisträger James Franck im April 1933 seiner Entlassung durch den eigenen Rücktritt zuvorkam und dies in einem offenen Brief an den Rektor damit begründete, »Deutsche jüdischer Abstammung« würden wie »Fremde und Feinde des Vaterlands« behandelt, fand er nur im Privaten Zuspruch.[19] In der Öffentlichkeit hingegen traten

16 Vgl. Reimer Eck, Zur Entstehung des Archivs für berufsständische Rassenstatistik. Ein vergessenes Kapitel Benutzungsgeschichte an der Göttinger Universitätsbibliothek, in: Peter Vodosek/Manfred Komorowski (Hg.), Bibliotheken während des Nationalsozialismus, Bd. 1, Wiesbaden 1989, S. 327–334.

17 Vgl. ebd.

18 Vgl. Gesetz zur Wiederherstellung des Berufsbeamtentums (BBG), 7.4.1933, in: Reichsgesetzblatt I (1933), S. 175–177 beziehungsweise die 3. Durchführungsverordnung vom 6.5.1933.

19 Vgl. zu James Franck: Jost Lemmerich, Aufrecht im Sturm der Zeit. Der Physiker James Franck 1882–1964, Diepholz 2007. Siehe die Zuschriften an Franck in seinem Nachlass: University of Chicago, Regenstein Library, Box 7, Folder 5/6/7, Resignation from Göttingen Professorship, April 17, 1933.

ihm 42 Lehrende der Universität entgegen und bezichtigten ihn der »Sabotage«.[20] Der kurz danach ins Amt gekommene Rektor Friedrich Neumann wiederum rief in einer Kundgebung im Auditorium am 10. Mai 1933 dazu auf, es nicht bei bloß symbolischen Akten zu belassen, wenn man den »undeutschen Geist« aus der Universität austreiben wolle – kurz danach brannten die Bücher auf dem damaligen Adolf-Hitler (und heutigen Albani)-Platz.[21] Die Entlassungen, Titelentziehungen und Relegationen waren weitere Elemente im Prozess der Gleichschaltung und Selbstgleichschaltung, der die Universität Göttingen erfasst hatte und sich in den folgenden Jahren fortsetzte.

Anpassung im nationalsozialistischen Wissenschaftssystem

Wer an den Universitäten nicht unter die politisch und religiös Verfolgten fiel, der hatte nach 1933 diverse Anpassungsleistungen für das NS-Regime zu erbringen, wollte man – und dies bezieht sich fast ausschließlich auf Männer – auch im >Dritten Reich< seine Karriere weiter verfolgen. Nachwuchswissenschaftler, arrivierte Professoren, Dekane oder Rektoren verfügten hierbei über Handlungsspielräume, sei es bei Verfolgungsmaßnahmen oder der eigenen Karriereplanung. Auf allen Ebenen finden sich Handlungen aus nationalsozialistischer Überzeugung, aus Opportunismus oder Anpassung – und in nur äußerst geringem Umfang etwas, was man als Zivilcourage bezeichnen könnte. Die Göttinger Universität und ihre Wissenschaftler hatten es mit verschiedenen staatlichen und nationalsozialistischen Institutionen zu tun, die sich ihrerseits personell immer stärker verflochten. Das auch an den Universitäten eingeführte >Führer-Prinzip< verschob weitreichende Entscheidungsbefugnisse von Gremien auf die Rektoren und Dekane.[22]

---

20 Vgl. Abbildung 6 in: Heinrich Becker u. a. (Hg.), Die Universität Göttingen unter dem Nationalsozialismus, München ²1998, S. 39.

21 Vgl. Albrecht Schöne, Göttinger Bücherverbrennung 1933. Rede am 10. Mai 1983 zur Erinnerung an die >Aktion wider den undeutschen Geist<, Göttingen 1983.

22 Vgl. Hellmut Seier, Der Rektor als Führer. Zur Hochschulpolitik des Reichserziehungsministeriums 1934–1945, in: Vierteljahrshefte für Zeitgeschichte 12 (1964), H. 2, S. 105–146.

Tab. 1: Institutionelle Machtfaktoren an der Göttinger Universität

Staatliche Institutionen	NS-Institutionen
Reichsministerium für Wissenschaft und Erziehung (Berlin)	NSDAP-Reichsleitung (München) – Stellvertreter d. Führers (Rudolf Heß, Martin Bormann) – Hochschulkommission (1934) Amt Rosenberg (Berlin, 1934)
Preußisches Kultusministerium (Berlin)	NSDAP-Gauleitung (Hannover)
Universitätsleitung/Rektoren Fakultäten/Dekane	NSDAP-Kreisleitung (Ortsgruppe Göttingen 1922)
Rektorenkonferenz	NSD-Dozentenbund (1935) auf Reichs-, Gau- und Kreisebene
	NS-Studentenbund (1926)

Auf lokaler Ebene versuchte die Göttinger NSDAP vor allem in den Anfangsjahren des ›Dritten Reichs‹ ihren Einfluss auf die Personalpolitik der Georg-August-Universität zu vergrößern. Die NSDAP konkurrierte hier jedoch mit diversen anderen staatlichen und nationalsozialistischen Institutionen, insofern blieb die Universität ein schwieriges Terrain. Neben dem Reichserziehungsministerium und dem ›Amt Rosenberg‹ waren unter anderen die Hochschulkommission der NSDAP in München und der NSD-Dozentenbund in die Personalauswahl eingebunden.[23] Für akademische Karriereschritte waren nun häufig politische Gutachten der NSDAP notwendig, die sogenannten ›politischen Beurteilungen‹.[24] Somit war auch der Bereich

23 Vgl. Reinhard Bollmus, Das Amt Rosenberg und seine Gegner. Studien zum Machtkampf im nationalsozialistischen Herrschaftssystem. Zweite Auflage mit einem bibliografischen Essay von Stephan Lehnstaedt, München [2]2006.

24 Zur Einführung vgl. Kerstin Thieler, Gesinnungskontrolle in Göttingen. Die NSDAP-Kreisleitung und die Beurteilung der »politischen Zuverlässigkeit«, in: Nicole Kramer/Armin Nolzen (Hg.), Ungleichheiten im Dritten Reich. Semantiken, Praktiken, Erfahrungen, Göttingen 2012, S. 117–138.

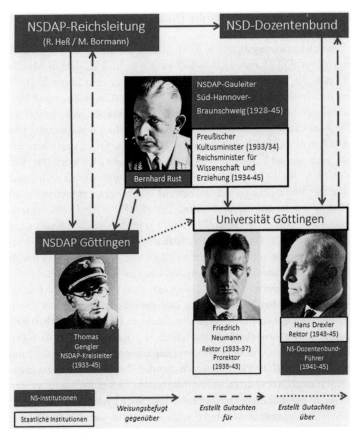

NSDAP-Reichsleitung
(R. Heß / M. Bormann)

NSD-Dozentenbund

NSDAP-Gauleiter
Süd-Hannover-
Braunschweig (1928-45)

Preußischer
Kultusminister (1933/34)
Reichsminister für
Wissenschaft und
Erziehung (1934-45)
Bernhard Rust

Universität Göttingen

NSDAP Göttingen

Thomas
Gengler
NSDAP-Kreisleiter
(1933-45)

Friedrich
Neumann
Rektor (1933-37)
Prorektor
(1938-43)

Hans Drexler
Rektor (1943-45)
NS-Dozentenbund-
Führer
(1941-45)

NS-Institutionen

Staatliche Institutionen

Weisungsbefugt
gegenüber

Erstellt Gutachten
für

Erstellt Gutachten
über

Abb. 1: Der Einfluss von Partei-Institutionen auf die Göttinger Universität.
Bildquellen: Bildarchiv des Bundesarchivs Berlin 119–1998 (Rust); Städtisches
Museum Göttingen (Gengler, Neumann); K. G. Saur Verlag (Drexler)

der Wissenschaft ein Teil der polykratischen Machtstrukturen, in
denen nationalsozialistische Organisationen teilweise gegeneinander
agierten und damit eine einheitliche Hochschulpolitik letztendlich
verhinderten.[25] 1936 waren es elf verschiedene Stellen, die bei Be-

25 Vgl. Rüdiger Hachtmann, Die Wissenschaftslandschaft zwischen 1930 und
    1949. Profilbildung und Ressourcenverschiebung, in: Grüttner u. a. (Hg.),
    Wissenschaftskulturen, S. 193–208.

rufungsverfahren nicht nur die Dauer, sondern auch den Ausgang beeinflussten.

Reichserziehungsminister Rust – der gleichzeitig NSDAP-Führer des Gaus Süd-Hannover-Braunschweig war und in dessen Machtbereich die Göttinger Universität somit in zweierlei Hinsicht lag – versuchte den Einfluss anderer Parteiorganisationen auf seine Personalentscheidungen zu begrenzen. Er versuchte sich in seiner Doppelfunktion, insbesondere bei der politischen Überprüfung von Akademikern, der Zusammenarbeit mit der Partei zu entziehen, für die er in seinem Parteigebiet eigentlich verantwortlich zeichnete. Rudolf Heß als Chef der NSDAP-Reichsleitung entging auch nicht, dass das Reichserziehungsministerium auf einer Rektorenkonferenz im Mai 1935 dazu aufgefordert hatte, den »Einfluss der Partei weitestgehend« zurückzudrängen.[26] Offensiv grenzte sich das Ministerium auch von der NSDAP-Mitgliedschaft als Kriterium bei Personalentscheidungen ab und verlautete selbstgefällig, manche NSDAP-Mitglieder hätten zudem »die Bewegung noch gar nicht begriffen«.[27]

Politische Gutachten über Dozenten, Privatdozenten und Professoren wurden bei Habilitationen und Berufungen von der NSDAP-Reichsleitung zumeist über die Gauleitungen (im Göttinger Fall jene in Hannover) angefordert und durch die Kreisleitungen und den NSD-Dozentenbund erstellt. Die Zusammenarbeit der Kreisleitung und des örtlichen NSD-Dozentenbundes diente beiden Organisationen, auch wenn sie nicht konfliktfrei war und nicht immer zu einhelligen Einschätzungen führte. Für Nachwuchswissenschaftler war der NSD-Dozentenbund durch seine Gutachten von essentieller Bedeutung, da von ihnen auch die Gewährung von Stipendien abhing. Auch unterlagen Reisen zu Kongressen im Ausland, die Einberufung zu Wehrmachtsschulungen oder Lehrstuhlvertretungen einer Überprüfung der politischen Loyalität. Der Informationsaustausch zwischen Kreisleitung und Dozentenbund war beiderseitig: Für die Abfassung der wissenschaftlichen Gutachten lieferte die Kreisleitung die politischen Grunddaten an den NSD-Dozentenbund, für die Erstel-

---

26 Franz Bachér, Leiter der Hochschulabteilung im Reichserziehungsministerium, auf der Rektorenkonferenz am 31. Mai 1935, in: Bundesarchiv Berlin, R 4901/706, Rektorenkonferenzen, hier: S. 62. Vgl. Thieler, ›Volksgemeinschaft‹, S. 361.

27 Bundesarchiv Berlin, R 4901/706, Rektorenkonferenzen, S. 48.

lung der ›politischen Beurteilungen‹ erhielt die NSDAP die Interna aus dem Universitätsumfeld.

Der NSD-Dozentenbund war zunächst eine Unterorganisation des Nationalsozialistischen Lehrerbundes. Da Rudolf Heß in seiner Funktion als ›Stellvertreter des Führers‹ den Einfluss der Partei auch auf die Personalpolitik an den Hochschulen ausdehnen wollte, wurde schließlich 1935 der NSD-Dozentenbund als eigenständige Partei-organisation gegründet und unter die direkte Kontrolle von Heß und Dozentenbundführer Schultze gestellt. Die Aufgabe des Dozenten-bundes war es nun, die Dozentenschaft durch die Einrichtung von expliziten NS-Akademien (eine der vier ›Wissenschaftlichen Aka-demien‹ befand sich seit 1937 in Göttingen), von Dozentenlagern und örtlichen Dozentenbünden politisch zu kontrollieren. Fünfzehn Ki-lometer südöstlich von der repräsentativen Göttinger Universitäts-aula entfernt, absolvierten Hochschullehrer und Studierende im Dorf Rittmarshausen ihre Schulungskurse, in denen sie nicht nur ideolo-gische Inhalte, sondern die neue ›Volksgemeinschaft‹ auch in Form von Küchendienst, Schlafsälen mit Doppelstockbetten und sport-licher Ertüchtigung erfahren sollten.[28]

Die Funktionäre des NSD-Dozentenbundes – die qua Amt or-dentliche Professoren an der jeweiligen Universität waren – verfüg-ten sowohl in der Partei als auch im Professorenkreis häufig über ein nur geringes Ansehen, weil ihnen unterstellt wurde, fehlende wissen-schaftliche Kompetenz durch verstärkte Parteiaktivität zu kompensie-ren. Dementsprechend unbeliebt war die Übernahme dieser Ämter. Unter den Göttinger Funktionären stach Arthur Schürmann hervor, der von 1935 bis 1942 als Gaudozentenbundführer fungierte.[29] Der Agrarwissenschaftler Schürmann war der Universität vom Reichs-erziehungsministerium 1934 als persönlicher Ordinarius ohne wei-tere Absprachen vorgesetzt worden, erst 1936 wurde ein ordentlicher Lehrstuhl für Agrarpolitik für ihn eingerichtet.[30] Schürmann enga-

---

28 Vgl. Heinz Wolff, Das Schulungslager Rittmarshausen. Sein Sinn und seine Aufgabe, Göttingen 1935.

29 Die Göttinger NSDDB-Führer waren Werner Blume (1935–1939), Eugen Mat-tiat (1939–1940) sowie Hans Drexler (1941–1945, zugleich Rektor 1943–45).

30 Vgl. Heinrich Becker, Von der Nahrungssicherung zu Kolonialträumen: Die landwirtschaftlichen Institute im Dritten Reich, in: Becker u. a. (Hg.), Universität, S. 630–656.

gierte sich fortan in der personellen und inhaltlichen Umformung der Hochschule, was ihm einige Aversionen eintrug. Ein breites Bündnis des seit Herbst 1941 amtierenden Rektors Plischke, dem Göttinger Dozentenbundführer Drexler – der dann zwei Jahre später Universitätsrektor wurde – und weiteren Hochschullehrern bezichtigte Schürmann schließlich des Plagiats. Auf diese Weise brachte ein wissenschaftlicher und kein ideologischer Vorwurf den Gaudozentenführer zu Fall.[31]

Der Aktionsradius der Göttinger Kreisleitung gegenüber den Hochschullehrern und den Studenten war durch die Berufsorganisationen und die Zentralisierung der Personalentscheidungen begrenzt. Akademiker aller Grade mussten sich wie sämtliche Bevölkerungsteile jedoch mit den grundsätzlichen Verhaltensanforderungen des NS-Regimes in ihrem alltäglichen Leben auseinandersetzen. Ihre Spendenbereitschaft für die diversen NS-Organisationen wurde genauso registriert wie die der Beamten der Stadtverwaltung oder eines einfachen Bürgers. Nur ging die Kreisleitung – einem in der NSDAP tief verwurzelten Misstrauen gegenüber der ›Intelligenz‹ Rechnung tragend – in diesen Fällen mit einer gesteigerten Akribie vor, obwohl zum Beispiel die Dozenten der Philosophischen Fakultät zu annähernd 100 Prozent in der Nationalsozialistischen Volkswohlfahrt und zu einem beachtlichen Teil auch in der NSDAP organisiert waren.[32]

Die Göttinger Universität befand sich daher mit dem Fachminister und zuständigen NSDAP-Gauleiter Rust inmitten diverser Machtkämpfe: Der Göttinger NSDAP-Kreisleiter war sowohl Rust als auch Heß gegenüber verantwortlich, der NSD-Dozentenbund wiederum versuchte auf allen Herrschaftsebenen gegenüber der NSDAP und dem Ministerium an Profil zu gewinnen, zog aber häufig doch mit

---

31 Schürmann wechselte 1943 zum ›Reichskommissariat für die Festigung des deutschen Volkstums‹ und wurde 1944 aufgrund des Plagiatsvorwurfs seiner Professur enthoben. Offiziell 1945 entlassen, wurde er 1949 als ›minderbelastet‹ eingestuft und 1957 vom Vorwurf des vorsätzlichen Plagiats freigesprochen. Seine Bemühungen um die Wiederaufnahme in den Lehrkörper der Universität Göttingen scheiterten am Widerspruch der Universität, woraufhin er 1959 emeritiert wurde. Vgl. Michael Grüttner (Hg.), Biographisches Lexikon zur nationalsozialistischen Wissenschaftspolitik, Heidelberg 2004, S. 155.
32 Vgl. Thieler, ›Volksgemeinschaft‹, S. 372.

Heß an einem Strang. Angesichts dieser Unterstützung des Reichs-erziehungsministeriums, die dem generellen Beharrungsvermögen der Universitäten entgegen kam, deren Position gegenüber dem lo-kalen NSD-Dozentenbund und den Parteieinheiten stärkte und die Anpassungsleistungen auf ein Mindestmaß reduzierte, verwundert es nicht, dass Heß die Universitäten als Unterschlupf für Gegner und Opportunisten bezeichnete.[33] Heß äußerte sogar den Verdacht, dass Kandidaten mit »engen Beziehungen zur Parteileitung« gerade des-wegen nicht in die engere Auswahl bei Berufungen gekommen seien.[34]

Die Berufungsstatistik, die Ende Januar 1939 von der NSDAP-Reichsleitung bei Rust angefordert worden war, widersprach dem nicht, obgleich sich für die Universitäten deutliche Unterschiede ab-zeichneten. Insgesamt waren seit der Machtübernahme 1.231 Profes-suren neu besetzt worden. Bereits im Mai 1933 verhängte die NSDAP eine Eintrittssperre, um den Zustrom von Mitläufern zu stoppen. Im Mai 1937 wurde diese Sperre erstmals für kurze Zeit gelockert. Beson-ders die niedrigen Beitrittsquoten sowohl bis zur Mitgliedersperre im Mai 1933 als auch zum Mai 1937 überraschen daher. Anscheinend sahen die Kandidaten 1933 zumeist noch keinen Anlass, Parteimit-glied zu werden, während sich zum nächstmöglichen Eintrittsdatum im Mai 1937 die nicht primär auf NSDAP-Mitgliedschaft abzielende Berufungspolitik des Reichserziehungsministeriums herumgespro-chen hatte.[35] Dass in Göttingen hingegen die Beitrittsquoten deut-lich besser standen, lässt sich einerseits auf die schon vor 1933 starke Verortung der NSDAP in der Universität zurückführen. Zum ande-ren lehrte bis 1942 Gaudozentenführer Schürmann in Göttingen. Be-reits berufene Professoren wie der Göttinger Historiker Percy Ernst Schramm vollzogen ihren Parteieintritt insbesondere mit dem Mo-tiv, ihren Handlungsspielraum auch gegenüber dem NSD-Dozenten-bund zu erweitern und bestätigten damit die Furcht der Partei vor

---

33 Denkschrift Heß' über das Verhältnis zwischen der ihm unterstehenden Hochschulkommission der NSDAP (HK) und dem Reichserziehungsminis-terium (REM), 8.8.1935. Dokument-ID: APK-000980 (Regest 10982), in: On-line-Datenbank de Gruyter (Hg.), Nationalsozialismus, Holocaust, Wider-stand und Exil 1933–1945, München 2006. (http://db.saur.de/DGO/basicFull CitationView.jsf?documentId=APK-000980, zuletzt abgerufen am 1.7.2014.)
34 Ebd.
35 Vgl. Thieler, ›Volksgemeinschaft‹, S. 361–362.

Opportunisten.[36] Die von Heß und anderen geäußerte Unzufrieden-
heit über den Stand der Ideologisierung im Reichserziehungsministerium und an Universitäten darf jedoch nicht darüber hinwegtäu-
schen, daß es in diesen Institutionen und bei den Hochschullehrern
bereits zu breiten Anpassungen und Anbiederungen an das NS-Regime gekommen war. Dieser Transformationsprozess entsprach nur
nicht dem gewünschten Idealtypus. Jedenfalls bestand aus Sicht des
>Stellvertreters des Führers< weiterhin dringende Veranlassung, die
Mitsprache der Partei und ihrer Hochschulkommission zu forcieren,
was Schritt für Schritt gelang. Die Partei drang auf substantielle Beteiligung nicht nur bei erstmaligen Berufungen, sondern auch bei Verset-
zungen an andere Universitäten, bei außerplanmäßigen Professuren,
bei der Zulassung zur Habilitation und schließlich auch bei der Beset-
zung von Rektorenämtern, die das Ministerium Rust sukzessive zu-
gestehen musste. Somit waren Kompetenzkonflikte bei wissenschaftlichen und politischen Begutachtungsverfahren an der Tagesordnung.

Das NS-Regime erhielt über staatliche und parteiamtliche Institutionen Einblicke und Macht über die Personalentscheidungen an
der Universität. Die lokalen NSDAP-Einheiten konzentrierten sich
auf die Beurteilung der >politischen Zuverlässigkeit<, deren Bewer-
tung wegen der häufig zurückgezogenen Lebensweise der Wissenschaftler schwieriger erschien, als es bei anderen Bevölkerungsgrup-
pen der Fall war. Die wissenschaftliche Beurteilung erfolgte durch den
NSD-Dozentenbund, der vom Apparat der Kreisleitung profitierte
und der seine institutionelle Unterlegenheit gegenüber dem Ministerium zumindest in geringem Maß kompensieren konnte. Diese politischen Begutachtungen blieben wegen der vielen beteiligten Institutionen unberechenbar und willkürlich und legten nahe, sich durch
Mitgliedschaften in NS-Organisationen abzusichern. Deutlich wird
zudem das Changieren der beteiligten NS-Organisationen zwischen
Kooperation und Konkurrenz.

Die Arbeit der vielfältigen Apparate bezog ihre Wirkmächtig-
keit jedoch weniger aus einer reibungslosen Mobilisierungs- und Er-
mittlungsarbeit als aus der stetig mitlaufenden Willkür- und Unsi-
cherheitsatmosphäre. Dem kontinuierlichen Misstrauen der Partei
gegenüber der politischen Loyalität der >Volksgenossen< stand die
Verunsicherung der Bevölkerung gegenüber, ob man die geforderten

36 Vgl. ebd., S. 383–393.

Verhaltensnormen erfüllt hatte oder Sanktionen befürchten musste. Die Antwort auf diese doppelte Ungewissheit lautete aus der Perspektive der Partei Sozialkontrolle, während die Bevölkerung – und hier verhielten sich Wissenschaftler nicht anders – in den meisten Fällen mit Selbstmobilisierung reagierte, also mit der Anpassung an das Regime, gleichgültig, ob aus ideologischer Überzeugung oder aus Opportunismus.

Der schwierige Umgang mit den »Vorgängen der Vergangenheit« nach 1945

Diese Anpassungsleistungen standen nach der Niederlage des ›Dritten Reichs‹ zur Debatte. Schon bevor im Herbst 1945 die Göttinger Universität als erste in allen Besatzungszonen wiedereröffnet wurde, begann auf deutscher Seite zögernd und widerstrebend die Konfrontation mit der NS-Zeit, sowohl auf der individuellen als auch auf der institutionellen Ebene. Zur Selbstvergessenheit über die eigene NS-Geschichte trug im Göttinger Fall auch die Bereitschaft der prominenten Verfolgungsopfer bei, sich 1953 auf eine Rückholung in die Göttinger Gesellschaft einzulassen, bei der die Thematisierung des ihnen zugefügten Unrechts nur punktuell blieb. Die Verleihung der Göttinger Ehrenbürgerschaft an die beiden sowie zwei weitere Opfer der nationalsozialistischen Verfolgungspolitik war eine deutliche symbolische Geste. Die Reden während der Festveranstaltung und auch die Ehrenbürgerurkunde wichen der klaren Benennung eigener Verfehlungen aus und bezeichneten die Verfolgungsmaßnahmen distanzierend als »Gemeinheiten des Nazismus« oder »Vorgänge der Vergangenheit«.[37] Dies ermöglichte es Stadt und Universität sich im Glanz der beiden Nobelpreisträger und deren moralischer wie wissenschaftlicher Integrität zu sonnen. Für die Physiker James Franck und Max Born erfüllte die Ehrenbürgerwürde nicht zuletzt eine biographische Aussöhnung mit ihrer langjährigen Wirkungsstätte – dass vor allem Franck diese Ehrung mit einem anderen Sinngehalt füllte als es von

37 Vgl. Stadt Göttingen (Hg.), 1000 Jahre Göttingen. Festprogramm 25. Juni 1953 bis 12. Juli 1953, Göttingen 1953; James Franck, Festreden bei der Tausendjahrfeier der Stadt Göttingen am 28. Juni 1953. Rede des Ehrenbürgers Prof. Dr. James Franck, in: Göttinger Jahrbuch 3 (1954), S. 101.

den Verleihern vorgesehen war, konnte im Rahmen der Jahrtausend-feier der Stadt geflissentlich übergangen werden.[38]

Zuvor, also in den Jahren 1945 bis 1949, hatte sich die Professo-renschaft der Göttinger Universität zunächst den Entnazifizierungs- und Spruchkammerverfahren zu stellen und ihr Verhalten in der NS-Herrschaft einer Überprüfung zu unterziehen. Gleichwohl verfie-len die Universitäten in einen Abwehrmodus gegen die Folgen der Entnazifizierung im Speziellen und im Allgemeinen gegen die Zu-mutungen der von den westlichen Besatzungsmächten auch im Hoch-schulbereich forcierten Demokratisierung.[39] Bis auf wenige Fälle in der Leitungsebene der Universität, wie der schon genannte Rektor Friedrich Neumann, wurden alle aufgrund ihrer Mitgliedschaften und ihres NS-Engagements zunächst Entlassenen nach und nach wieder in ihre Ämter eingesetzt. Die Beantwortung der Frage, mit welchem Grad an NS-Engagement ein universitärer Lehrstuhl noch bekleidet werden durfte, blieb schwierig. Obwohl die ersten Entnazi-fizierungsverfahren in Form einer schnellen >Selbstreinigung< abge-wickelt wurden, offenbarten sich in ihnen bisweilen überraschende Fürsprechernetzwerke für NS-Belastete, in denen auch Emigranten für belastete ehemalige Kollegen eintraten.[40] Eine wichtige Rolle spielt hierbei die apologetische Denkfigur des >Unpolitischen<, deren Verwendung über die Umbrüche von 1933 und 1945 hinaus verwundert angesichts der offensichtlichen Verflechtung von Wissenschaft und Politik. Es gelang jedenfalls den meisten Wissenschaftlern, ihren Op-portunismus, Pragmatismus und ihre wissenschaftspolitischen Inter-essen in der NS-Zeit nach und nach in den apologetischen Konsens der Nachkriegszeit zu stellen. Die Entnazifizierung endete daher auch in Niedersachsen mit einer ernüchternden Bilanz, da eine Reihe von Ge-

38 Vgl. Thieler, Der lange Weg.

39 Vgl. David Phillips, Britische Initiativen zur Hochschulreform in Deutsch-land. Zur Vorgeschichte und Entstehung des »Gutachtens zur Hochschul-reform« von 1948, in: Manfred Heinemann (Hg.), Umerziehung und Wie-deraufbau. Die Bildungspolitik der Besatzungsmächte in Deutschland und Österreich, Stuttgart 1981, S. 172–188.

40 Vgl. Carola Sachse, »Persilscheinkultur«: zum Umgang mit der NS-Ver-gangenheit in der Kaiser-Wilhelm/Max-Planck-Gesellschaft, in: Bernd Weisbrod (Hg.), Akademische Vergangenheitspolitik. Beiträge zur Wissen-schaftskultur der Nachkriegszeit, Göttingen 2002, S. 217–246.

setzen nach 1949 in der BRD die ohnehin halbherzigen Säuberungs-
maßnahmen der Alliierten zurückdrehten, woran auch der Göttinger
Universitätsleitung in den meisten Fällen gelegen war.[41]

Interessanterweise blieb in der Nachkriegszeit ein erstaunlich ho-
her Anteil des endgültig entlassenen Führungspersonals von Universität und Stadtverwaltung in der Stadt wohnen. Gleiches galt für eme-
ritierte Professoren und pensionierte Leitungsbeamte. Göttingen war
1945 eine weitgehend unzerstörte Stadt – aber in ihr wohnten nun
fast doppelt so viele Einwohner wie zu Friedenszeiten, es herrschte
Wohnungsmangel nicht nur für Flüchtlinge, die Ernährungslage war
sehr angespannt und das Verhältnis erst zu den amerikanischen und
dann den britischen Besatzungssoldaten auch.[42] Für die Auseinandersetzung mit der jüngsten Vergangenheit bedeutete dies, dass sie vor
den Augen und Ohren ihrer ehemaligen Protagonisten stattfand. Dennoch wich die in den ersten Nachkriegsjahren durchaus thematisierte
>Schuldfrage< der Dominanz pragmatischer Entscheidungen, bei de-
nen im Bereich der universitären Personalpolitik wissenschaftspoliti-
sche Interessen, Freundschaftsdienste und Verdrängungsbereitschaft
oftmals Hand in Hand gingen.[43] Allenfalls die seit Dezember 1945 er-
schienene Göttinger Universitätszeitung, von Dozenten und Studenten gleichermaßen ins Leben gerufen, bildete in den Anfangsjahren
ein Forum für eine offenere Auseinandersetzung mit der jüngsten
Vergangenheit.[44]

41 Vgl. Ullrich Schneider, Zur Entnazifizierung der Hochschullehrer in Niedersachsen 1945–1949, in: Niedersächsisches Jahrbuch für Landesgeschichte
   61 (1989), S. 325–346; Mitchell G. Ash, Verordnete Umbrüche – Konstru-
   ierte Kontinuitäten: Zur Entnazifizierung von Wissenschaftlern und Wissenschaften nach 1945, in: Zeitschrift für Geschichtswissenschaft 43 (1995),
   S. 903–923.
42 Vgl. Maren Büttner/Sabine Horn (Hg.), Alltagsleben nach 1945. Die Nachkriegszeit am Beispiel der Stadt Göttingen, Göttingen 2010; Stadt Göttingen (Hg.), Göttingen 1945: Kriegsende und Neubeginn: Texte und Mate-
   rialien zur Ausstellung im Städtischen Museum, 31. März – 28. Juli 1985,
   Göttingen 1985.
43 Vgl. Michael Schefcyk, »Als Deutscher unter Deutschen«. Karl Jaspers'
   >Die Schuldfrage<, in: Werner Konitzer (Hg.), Moralisierung des Rechts.
   Kontinuitäten und Diskontinuitäten nationalsozialistischer Normativität,
   Frankfurt am Main 2014, S. 189–214.
44 Vgl. den Beitrag von Bernd Weisbrod in diesem Band.

Auch der Dekan der Philosophischen Fakultät und Anglistik-Professor Herbert Schöffler tat sich im Frühjahr 1945 schwer, das Mitwirken der Universität am NS-Unrecht einzugestehen und forderte ein, nun wieder ungestört forschen zu wollen.[45] Doch die Universitäten waren im >Dritten Reich< eben keine unpolitischen Inseln gewesen, die die Nationalsozialistischen unterworfen hatten. Auch unter den Dozenten waren überzeugte Nationalsozialisten, die dies nun zu überspielen versuchten, waren nicht wenige Parteimitglieder und waren Mitläufer. Dies galt auch für die Studierenden, die in Göttingen im Semester 1945/46 zudem zu über zwanzig Prozent aus ehemaligen Wehrmachtsoffizieren bestanden und deren politische Überzeugungen nicht immer mit dem >Dritten Reich< untergegangen waren.[46] Alle versuchten, ihre Biographien und ihr Handeln auf einen Neubeginn auszurichten. Der besagte Dekan und Anglist Herbert Schöffler stand in den Jahren 1945/46 im Zentrum vergangenheitspolitischer Positionierungen. Er hatte alliierte Entlassungsbefehle umzusetzen, nahm Kontakt zu Emigranten auf und stieß bei diversen Gelegenheiten nicht nur an semantische Grenzen: etwa, als er im Herbst 1945 in einer öffentlichen Rede die Entlassung jüdischer Kollegen legitimierte oder bei einer Veranstaltung der britischen Militärs die Bombardierung Dresdens verurteilte.[47] In seiner Person vermengen sich

45 Vgl. Hermann Heimpel, >Zur Lage<. Eine Vorlesung des Professors der Englischen Philologie, Herbert Schöffler, gehalten im Oktober 1945, in: Hartmut Boockmann/Hermann Wellenreuther (Hg.), Geschichtswissenschaft in Göttingen. Eine Vorlesungsreihe, Göttingen 1987, S. 364–399. Der Autor dieses Aufsatzes, der Göttinger Historiker Hermann Heimpel (1901–1988), steht als Wissenschaftler, der 1934 in Leipzig die Nachfolger seines aus rassistischen Gründen entlassenen Lehrers Hellmann übernahm, ab 1941 an der Reichsuniversität Straßburg lehrte und 1944 über Süddeutschland nach Göttingen flüchtete, auch im Zentrum eines Forschungsprojektes zur NS-Vergangenheitspolitik der Universität Göttingen. Vgl. http://www.ns-zeit.uni-goettingen.de/ (zuletzt abgerufen am 4.5.2016).

46 Vgl. Walther Wienert, Göttinger Studentenschaft im Zahlenbild. Kurze Statistik des Wintersemesters 1945/46, in: Göttinger Universitätszeitung (1946), H. 3, S. 8–10, hier: S. 9.

47 Vgl. den Beitrag von Bernd Weisbrod in diesem Band. Zu Schöfflers Anmerkung zur Bombardierung Dresdens vgl. den Tagebucheintrag des ebenfalls nicht unbelasteten Althistorikers Ulrich Kahrstedt vom 10.11.1945: Staats- und Universitätsbibliothek Göttingen, Cod. Ms. U. Kahrstedt, 36:4, Tagebuch 3.7.1944–24.1.1946.

Abb. 2: Filmplakat >Der Ruf< (1949). © Schorcht Filmverleih

also einige jener Prozesse, die in der Niederlage des >Dritten Reichs<
ihren Ausgang nahmen: Von der gegenseitigen Entlastung in Ent-
nazifizierungsverfahren bis zur zögernden und auch widerwilligen
Wiederannäherung an verfolgte ehemalige Kollegen. Diese Prozesse
waren zur Wiedereröffnung der Universität im Herbst 1945 in vollem
Gange und blieben noch lange virulent. Wie schwierig dies für den
Dekan Schöffler selbst war, zeigt sein Selbstmord im Frühjahr 1946.

In der ersten Etappe dieser Aushandlungsprozesse, also zwischen
1945 und 1949, ist auch der Kinospielfilm >Der Ruf< angesiedelt.[48]

48 Der Film wurde im Rahmen der Veranstaltungen zur Wiedereröffnung der
Georg-August-Universität im Herbst 1945 am 2. Dezember 2015 im Zentralen Hörsaalgebäude der Universität aufgeführt. Weitere Informationen
sind auf der Webseite des Filminstituts an der Universität Hannover zu-

Bereits 1948 gedreht und im April 1949 in Berlin uraufgeführt, zeigt er die Probleme und Ressentiments auf, denen jüdische Emigranten ausgesetzt waren, wenn Sie die schwere Entscheidung getroffen hatten, trotz des Holocaust nach Deutschland zurückkehren zu wollen. Der Film tut dies insbesondere am Beispiel der Universität Göttingen und ihrer Hochschullehrer und Studenten, die versuchten, ihre Handlungsspielräume im Spannungsfeld von Entnazifizierung und politischer Demokratisierung auszuloten.

Zurückkehrende Emigranten störten den weit verbreiteten Wunsch, über die NS-Zeit einen möglichst breiten Mantel des Schweigens zu werfen.[49] Die partielle Tabuisierung der NS-Vergangenheit nach 1945 wurde für einige Zeit zum Schutzraum für NS-Belastete. Das Schweigen von NS-Verfolgten kann aber auch als Form des Selbstschutzes gewertet werden. Diese Diskretion besaß jedoch durchaus ihre Grenzen, es wurde auf allen Ebenen mehr kommuniziert und thematisiert als lange angenommen.[50] Und auch >Der Ruf< ist ein erstaunlicher Beitrag zur Kommunikation über die Zeit des >Dritten Reichs<, die bei der Filmpremiere gerade einmal vier Jahre vergangen war.[51] Zum Inhalt: Der nach Kalifornien emigrierte jüdische Philosophieprofessor Mauthner erhält das Angebot, wieder an seine Heimatuniversität in Göttingen zurückzukehren und wird von seinen emigrier-

gänglich: http://www.geschichte-projekte-hannover.de/filmundgeschichte/ deutschland_nach_1945/zeitgenossische-spielfilme/die-filme-3/der-ruf. html (zuletzt abgerufen am 4.5.2016).

49 Vgl. Werner Bergmann, »Wir haben Sie nicht gerufen«. Reaktion auf jüdische Remigranten in der Bevölkerung und der Öffentlichkeit der frühen Bundesrepublik, in: Irmela von der Lühe u. a. (Hg.), »Auch in Deutschland waren wir nicht wirklich zu Hause«. Jüdische Remigration nach 1945, Göttingen 2008, S. 19–39.

50 Vgl. Axel Schildt, Zur Durchsetzung einer Apologie. Hermann Lübbes Vortrag zum 50. Jahrestag des 30. Januar 1933, in: Zeithistorische Forschungen/ Studies in Contemporary History 10 (2013), H. 1, S. 148–152.

51 Dies gilt erst recht für den Film >Die Mörder sind unter uns< von Wolfgang Staudte, der bereits 1946 anhand der Rückkehr einer KZ-Inhaftierten, dargestellt von Hildegard Knef, und des Augenzeugen einer Massenerschießung (Ernst Wilhelm Borchert) Fragen nach individueller Schuld und gesamtgesellschaftlicher Verantwortung stellte. http://www.geschichte-projekte-hannover.de/filmundgeschichte/deutschland_nach_1945/zeit genossische-spielfilme/die-filme-3/die-morder-sind-unter-uns.html (zuletzt abgerufen am 4.5.2016).

ten Freunden vor einer Rückkehr gewarnt. In Göttingen ist er den Anfeindungen eines 1945 entlassenen Hochschullehrers und ebenfalls noch rechtsgesinnter Studenten ausgesetzt, die letztlich einen tödlichen Herzanfall Mauthners herbeiführen. Die Antwort auf die Frage, warum der Hintergrund des Filmplakats samt Fritz Kortner alias Professor Mauthner in der Warnfarbe dunkelrot koloriert wurde, während bei den weiteren Abgebildeten – Mauthners Sohn und eine amerikanische Studentin – eine lebensnahe Farbgebung herrschte, muss hierbei dem Feld der Farbpsychologie überlassen werden.

Göttingen war als Ort der Handlung jedenfalls gut gewählt. Schließlich stand die deutschlandweit als erste, bereits im September 1945 wiedereröffnete Universität bald im Spannungsfeld derartiger Auseinandersetzungen. In einer von der Universität maßgeblich geprägten Mittelstadt, in der schon aufgrund ihrer Größe manche Begegnungen im akademischen Milieu unvermeidbar waren, entwickelte sich mit der Zeit ein lokales Wissen bezüglich der Verhaltensweisen Einzelner während des Nationalsozialismus und ebenso unterschiedliche Modi, wie mit diesem Wissen umgegangen wurde. Die lokale Präsenz von entlassenen und NS-belasteten Hochschullehrern, in ihrem Amt verbliebenen Lehrstuhlinhabern, Neuberufenen, geflüchteten Professoren – inklusive einiger Protagonisten der delikaten ›Ostforschung‹ – und nicht zuletzt von zurückkehrenden Verfolgten des NS-Regimes führte zu spezifischen Aushandlungs- und Verständigungsprozessen in den Fakultäten und Instituten, aber auch in den persönlichen Freundes- und Familienbeziehungen.

Die Regie des Films übernahm Josef von Baky. Das Drehbuch stammt vom Hauptdarsteller Fritz Kortner, der schon in der Weimarer Republik von den Nationalsozialisten wegen seiner jüdischen Herkunft und seiner Nähe zur Sozialdemokratie angefeindet worden war. Kortner verließ bereits 1932 Deutschland trotz großer Film- und Theatererfolge und emigrierte über die Schweiz und Großbritannien in die USA. 1948 kehrte er zurück und provozierte mit unbequemen Theaterinszenierungen die deutsche Nachkriegsgesellschaft.[52] ›Der Ruf‹ wurde mit amerikanischen Finanzmitteln produziert: er sollte der ›Reeducation‹ dienen. Kortners Drehbuch basierte auf dessen Le-

---

52 Vgl. Marita Krauss, Theaterremigranten – Fritz Kortner und andere. Die Münchner Kammerspiele als Beispiel, in: von der Lühe (Hg.), »Auch in Deutschland«, S. 339–355.

benserfahrungen in der Emigration und reflektiert seine persönliche Haltung zur NS-Zeit und der Herausforderung des gesellschaftlichen Neubeginns nach 1945: Nicht Verdrängung, sondern Verantwortung ist die Devise des Films, so dass es nicht verwundert, dass er beim Publikum auf weniger Gegenliebe stieß als so mancher Unterhaltungsfilm, stellte er doch die persönliche Stellungnahme eines Remigranten dar, der die deutsche Nachkriegsgesellschaft aufrütteln und zu einem reflektierten Umgang mit den Opfern des ›Dritten Reichs‹ ermahnen wollte.

Der Film verzichtete zudem auf Trümmerdarstellungen, die zur Selbstviktimisierung hätten verführen können.[53] Dafür zeigte er umso mehr die in die Brüche gegangenen sozialen Beziehungen, deren Wiederaufnahme auf Seiten der Verfolgten viel Überwindung und Kraft kostete. ›Der Ruf‹ wirft angesichts seines Entstehungszeitraumes bereits ein erstaunlich realistisches Licht auch auf die Gedankenlosigkeit, die Ausreden und das Fortleben des ›alten Geistes‹ in der deutschen Nachkriegsgesellschaft – einer Atmosphäre, der sich Emigranten wie Max Born und James Franck zunächst nicht aussetzen wollten.

Schlussbemerkung

Die Hochschulen sowie ihre Angehörigen waren, wie schon in der Zeit des Nationalsozialismus, keine ›unpolitische‹ Ausnahme innerhalb einer Gesellschaft, deren Mitglieder sowohl vor als auch nach 1945 vor allem ihre persönlichen, beruflichen und auch institutionellen Interessen verfolgten. Die Sagbarkeiten um das nationalsozialistische Unrecht waren somit an die Entwicklung der bundesrepublikanischen Gesellschaft gekoppelt und begannen sich erst Mitte der 1960er Jahre zu erweitern und einen größeren öffentlichen Raum einzunehmen. Wirklich artikulationsfähig wurden die »Vorgänge der Vergangenheit« an den Universitäten erst mit der Emeritierung der Hochschullehrer, die in der NS-Zeit gewirkt oder ihre Ausbildung erhalten hatten.

---

53 Vgl. Malte Thießen, Eingebrannt ins Gedächtnis. Hamburgs Gedenken an Luftkrieg und Kriegsende 1943 bis 2005, München 2007, S. 163–182.

Häufig waren und sind gerade Jubiläen der äußere Anlass, die jeweilige Geschichte einer Institution und in diesem Fall das Verhältnis von Gesellschaft, Universität und Politik kritisch zu hinterfragen. Das Selbstverständnis einer Universität zeichnet sich auch durch die Bereitschaft aus, dies auch jenseits von Jubiläen zu tun. Die Beschäftigung mit der NS-Zeit, ihrer Vorgeschichte sowie ihren Auswirkungen besitzt gerade in Zeiten des aufkommenden Rechtspopulismus eine gesamtgesellschaftliche Relevanz, wenn es um die Themenfelder Holocaust, politische und rassistische Verfolgung, Emigration und die Entwicklung des Rechtsextremismus in der Bundesrepublik geht.

Programm 14. September 2015

Festveranstaltung anlässlich der Wiedereröffnung
der Georg-August-Universität Göttingen
vor 70 Jahren und zur Gründung der Deutschen
Universitätszeitung (duz) 1945 in Göttingen

Musik

Begrüßung
Prof. Dr. Ulrike Beisiegel, Präsidentin der Universität Göttingen

Grußwort
Dr. Wilhelm Krull, Vorsitzender des Stiftungsrates der Universität Göttingen

Festvortrag
»Ein Vorsprung, der uns tief verpflichtet.« Die Wiedereröffnung der
Universität Göttingen im Wintersemester 1945/46
Prof. em. Dr. Bernd Weisbrod, Seminar für Mittlere und Neuere Geschichte, Universität Göttingen

Zeitzeuginnen im Gespräch
*Christine Prußky, Leitende Redakteurin der duz im Gespräch mit Dr.
Ulrike Thimme, Redakteurin der duz in den 1950er Jahren (Video)
Einführung und Kommentar:
Prof. Dr. Petra Terhoeven, Seminar für Mittlere und Neuere Geschichte,
Universität Göttingen*

Musik

Podiumsgespräch: »Stunde Null – Kontinuität oder Neuanfang?«
*Prof. Dr. Ulrike Beisiegel, Präsidentin der Universität Göttingen
Prof. Dr. Dirk Schumann, Seminar für Mittlere und Neuere Geschichte,
Universität Göttingen
Dr. Wolfgang Heuser, Verlagsleiter und Herausgeber der duz
PD Dr. Barbara Wolbring, Institut für Geschichte, Karlsruher Institut für
Technologie
Moderation: Dr. Wilhelm Krull*

Programm 2. Dezember 2015

1945–2015: 70 Jahre Wiedereröffnung der Universität Göttingen

Begrüßung
Prof. Dr. Ulrike Beisiegel, Präsidentin der Universität Göttingen
Daniel Pichl, AStA-Vorsitzender der Universität Göttingen

Zeitzeuginnen im Gespräch
Lena Freitag und Margaux Erdmann, Studentinnen an der Universität Göttingen im Gespräch mit Dr. Ursula Beyer und Eva Zuckschwerdt, Studentinnen des Wintersemesters 1945/46 (Video)

Vortrag
Universitäre Personalpolitik zwischen ideologischer Verfolgung und politischer Anpassung im Nationalsozialismus und ihre Auswirkungen in der Nachkriegszeit
Dr. Kerstin Thieler, Seminar für Mittlere und Neuere Geschichte, Universität Göttingen

Im Anschluss:
»Der Ruf« (1948), Film von und mit Fritz Kortner.